家族を困らせないための
相続対策
ガイドブック

SkyLimited税理士法人［編］

同文舘出版

序文

　平成27年に相続税が大きく改正されたことにより，これまで相続税と縁遠かった方も相続税と身近に関わらなくてはならない時代が到来しました。
　この大改正により相続財産総額から引くことのできる基礎控除額が5,000万円から3,000万円に，法定相続人1人当たりの控除額が1,000万円から600万円に引き下げられました。今後は相続人が1人の場合，相続財産が3,600万円を超えると相続税がかかる計算になります。わかりやすい例えで考えると，一般的なマイホームと多少の預貯金があるだけで相続税がかかることになるのです。

　今まで相続税の課税対象となる方の割合は全国平均で4%といわれてきましたが，今後その割合が首都圏だと10%を超えるといわれています。
　従来日本では欧米に比べ生前からご自身の保有する財産を家族内で開示し，死後の財産を誰が継承するかについて話し合う文化があまりないといわれてきました。
　私どももこれまでさまざまな相続の案件にかかわって参りましたが，生前から相続対策をしていない場合や相続が起きてから対策をとればよいと考えておられる方が多いのが現状です。しかし，生前から相続対策をしていなかったがために，実際に相続が発生した場合に思わぬ資金の捻出を余儀なくされるケースが多くみられます。例えば，相続により不動産を継承したものの，それに伴って発生する相続税を支払うための資金が足りず，相続で承継したはずの不動産を売却してそれに当てなければならない，またご自身の自己資金によって相続税を支払わなければならないようなケースも発生しています。

　相続が起こってから相談に来られる方々の中には，生命保険に加入されてない方が多く見受けられます。しかし生命保険は納税資金を準備するた

めにとても有効な手段といわれており，500万円×法定相続人の数だけ非課税にもなります。今後は，これまで相続に縁遠かった方も，このような非課税制度をきちんと学び有効に使っていくのが得策なのではないでしょうか。きちんと毎年計画的に贈与契約書を作成し贈与をされている方もいますが，自分なりに考えご家族名義の預金をされ相続対策をされている場合も名義人の方が実際に管理されていなければ税務調査で名義預金と判断され被相続人の財産になっているのも現状です。

　また相続に関しての相談を受けていると，遺産分割の際に遺言書がなく，相続人間での争いのもとになるケースも多く発生しています。例えば，3人兄弟であれば，1つの土地を3つに分割し，その土地のどこを誰が取るかというような相談もあります。2人の兄弟がだいたい同額になるように相続しようとしたときに，1人が不動産を取得し，もう1人は金融資産を取得するとなると不動産を取得したものは現金が入ってこないのは困るといいもめてしまうケースもあります。本来相続をする側も，受ける側も互いに円満に継承を完了するのが理想ですが，例であげたようにご家族，親戚など残された方々に「負の遺産」を残すことのないよう，事前に相続について学ぶ必要があるのではないでしょうか。

　私どもがこの本を書くきっかけとなったのは，将来皆様が大切な方々から相続を受けた場合，また大切な方々にご自身の資産を相続していく場合に，相続する側，される側の両者が大切な資産の継承を気持ちよく行えるように，少しでも相続について考えてほしい，知ってほしい，そして何らかの行動を起こしてほしいという気持ちを持っているからです。

　これまで出版されている相続関連の書籍には，税額計算について詳しく書かれている本が少なかったため，本書では相続税とはどのように計算されるものなのか税額計算の例題も多く交えています。相続にかかる税金などを具体的にイメージしていただき，今後の相続税対策を考える上で本書を活用していただければと思っております。まずはこの本を読んでいただ

序文

き，現在ご自身が保有している財産総額に対して，仮にご自身が亡くなった場合どれだけの相続税がかかるのかシミュレーションしていただきたいと思います。そして，かかるとなった場合，残されたご家族を困らせることのないよう，不動産の活用や生命保険の加入の検討など有効な相続対策をご一緒に考えて行きたいと思います。

そしてなによりもこの本を参考にしていただき，知識をつけることで相続というものを前向きにとらえご自身の人生のエンディングノートをご家族と考え共有することで，大切な資産をしっかりと次世代へ残していただければと考えています。

人生とは有限であり，すべての人に平等に死が訪れます。その人生のエンディングに目を背けることなくしっかりとご自身でそのエンディングを描いていくことで，限りある残りの人生をより有意義に過ごすことができるのではないでしょうか。

まずこの本をお読みいただき，残される大切な方々のために今できる行動を起こしていただきたいと思います。そして，その際には税理士などの専門家にご相談いただき，是非ご自身のエンディングノートに一番ふさわしいシナリオを描いていただければと考えております。

最後に本書の刊行に際しご尽力いただいた関係各位に感謝の意を表します。また日常業務の合間をぬっての執筆作業であったことから，同文舘出版には何度もスケジュール変更をお願いし，ご迷惑をおかけいたしましたことをお詫び申し上げます。そのような中で執筆者達を叱咤激励し，また校正では一切手を抜かずに，最後の仕上げまでご協力いただきました専門書編集部の皆様に心より御礼申し上げます。

2015年7月

執筆者一同

【この本のご利用手順】

①財産リストを作成する【財産リスト参照】

⬇

②各資産の金額を評価する【1章～2章】

⬇

③相続制度を知る【3章】

⬇

④相続税を計算する【4章】

⬇

④相続対策を行う【5章・遺言】

⬇

⑤エンディングノートを作成する

目 次

財産リストを作ってみよう　xiv

第 1 章　不動産 …… 1

- **1-1** 不動産の評価方法　2
  - ▌土　地　2
  - ▌建　物　3
- **1-2** 土地の評価の計算　6
  - ▌路線立地による補正　6
  - ▌土地の形状による補正　8
  - ▌特殊事情による補正　8
- **1-3** 貸家・貸宅地・貸家建付地の評価　9
  - ▌貸　家　9
  - ▌貸宅地　9
  - ▌貸家建付地　10
  - ▌貸アパート・貸マンション　10
  - ▌賃貸併用住宅　11
- **1-4** 小規模宅地の特例とは　12
- **1-5** 小規模宅地の特例（1）特定居住用宅地　14
  - ▌特定居住用宅地等　14
  - ▌小規模宅地等の特例の計算例　16
- **1-6** 小規模宅地の特例（2）特定事業用宅地，貸付事業用宅地　21
  - ▌特定事業用宅地等　21
  - ▌貸付事業用宅地等　22

| 1-7 | 小規模宅地の特例（3）二世帯住宅 24 |
| 1-8 | 小規模宅地の特例（4）老人ホーム 26 |

　　　■ 改正前の要件 26

　　　■ 改正後の要件 27

| 1-9 | 小規模宅地の特例（5）家なき子 28 |

　　　■「家なき子」該当要件 28

　　　■ 孫と同居 29

　　　■ 配偶者と別居 29

| 1-10 | マンション・アパートの評価 30 |

　　　■ 建物部分 30

　　　■ 土地部分 30

| 1-11 | 広大地の評価 32 |

　　　■ 広大地の評価方法 32

　　　■ 広大地該当の判定基準 33

| 1-12 | 農地の評価 35 |

　　　■ 純農地・中間農地 35

　　　■ 市街地農地および市街地周辺農地 35

　　　■ 市街地周辺農地 36

| 1-13 | 山林の評価 37 |

　　　■ 純山林・中間山林 37

　　　■ 市街地山林 38

　　　■ 立木の評価 39

| 1-14 | 農地の納税猶予 40 |

　　　■ 納税猶予の免除 41

　　　■ 納税猶予の打ち切り 41

コラム① 仏壇・お墓 ● 42

第 2 章 預金・有価証券 ……… 43

2-1 現金・預貯金 44
- 普通預金・通常貯金 44
- 定期預金・定期郵便貯金 44
- 外貨 45

2-2 名義預金 46
- 名義預金の判断基準のポイント 46
- 名義預金と判断されやすいもの 47

2-3 上場株式の評価 48
- 上場株式の評価 48
- 気配相場等のある株式の評価 49

2-4 公社債の評価 50
- 利付公社債 50
- 割引発行の公社債 51
- 個人向け国債 51

2-5 非上場株式の評価 54
- 原則的評価方法（類似業種比準方式）とは 55
- 非上場株式の評価　小会社の場合 58
- 非上場株式の評価　大会社の場合 59
- 特例的評価方式（配当還元方式） 59

2-6 事業承継税制（1）相続税 61
- 納税猶予の要件 63
- 納税猶予の手続 65
- 納税猶予額の計算方法 66

2-7 事業承継税制（2）贈与税 67
- 納税猶予の要件 67
- 納税猶予の手続 69

- 納税猶予額の計算方法（贈与税の場合） **70**

2-8 生命保険金の評価 **71**

2-9 退職手当金等の評価 **74**

- 死亡退職金 **74**

- 弔慰金 **74**

第 3 章　相続制度　　　　　　　　　　　　　　　77

3-1 法定相続人・法定相続分 **78**

- 法定相続人 **78**

- 法定相続分 **78**

3-2 単純承認・限定承認・相続放棄 **81**

- 単純承認 **81**

- 限定承認 **81**

- 相続放棄 **82**

3-3 遺言書 **83**

- 自筆証書遺言 **84**

- 公正証書遺言 **84**

- 秘密証書遺言 **84**

- 封入・封印 **87**

3-4 相続のスケジュール **88**

3-5 遺産分割協議の種類 **90**

- 遺産分割協議書 **91**

3-6 相続欠格と廃除 **94**

- 相続欠格 **94**

- 相続廃除 **94**

| 3-7 | 非嫡出子の相続分　96 |
| 3-8 | 遺留分と遺留分の放棄　98 |

　▍遺留分　98

　▍遺留分の放棄　98

| コラム② | 争族を避ける遺言書 ● 101 |
| 3-9 | 寄与分・特別受益について　102 |

　▍寄与分について　102

　▍特別受益について　103

　▍寄与分・特別受益を定める手続き　104

第4章　相続税の計算方法 ……………………… 105

| 4-1 | 相続税の計算方法　106 |

　▍課税価格の合計額を求める　106

　▍課税遺産総額を求める　107

　▍法定相続分（3-1参照）に応ずる取得金額を求める　107

　▍相続税の総額を求める　109

　▍各相続人が取得した財産の割合で按分する（各人の算出税額の計算）　110

　▍税額控除等を行う　110

　▍納付すべき相続税額（各人の納付・還付税額の計算）　111

| 4-2 | 生前贈与加算について　115 |

　▍加算する贈与財産の範囲　115

　▍加算しない贈与財産の範囲　115

| 4-3 | 配偶者の税額軽減　117 |

　▍配偶者の税額軽減　117

　▍配偶者の税額軽減の注意点　118

4-4　その他の税額控除等　120
- 相続税の2割加算　120
- 贈与税額控除　121
- 未成年者控除　122
- 障害者控除　123
- 相次相続控除　124
- 外国税額控除　126
- 相続時精算課税制度に係る贈与税額控除（5-2参照）　127

4-5　1次相続と2次相続の関係　128
- 第2次相続までの期間に注意が必要　128
- 財産の金額に注意が必要　129

4-6　相続税の納税方法とは　132
- 金銭一時納付　132
- 延滞税・利子税の割合　134

4-7　相続税の納税方法（1）延　納　135
- 相続税の延納期間および延納に係る利子　136
- 延納期間　136
- 延納利子税の割合　137

4-8　相続税の納税方法（2）物　納　138
- 物納の要件　138
- 物納の許可までの審査期間　139
- 物納財産の価額（収納価額）　139
- 利子税の納付　140

4-9　相続税・贈与税の納税義務者　141
- 相続税の納税義務者　141
- 贈与税の納税義務者　143
- 財産の所在と納税義務の範囲　143

第 5 章　生前対策 ……………………………………………… 145

5-1　贈与税率の改正　146
- 一般税率と特例税率の比較計算　147

5-2　贈与の相続時精算課税制度と暦年課税との比較　148
- 暦年課税の注意点　151
- 相続時精算課税の注意点　151

コラム③　養子縁組 ● 155

5-3　暦年贈与と名義預金　156
- 名義預金　156
- 連年贈与　157
- 相続税の税務調査　157

5-4　生前贈与での相続対策　159
- 孫への生前贈与　159
- 相続対策としての贈与には不動産が有利　160
- 収益不動産の生前贈与　160

5-5　相続税と贈与税の損益分岐点　161

5-6　祖父母などから教育資金の一括贈与を受けた場合の贈与税の非課税制度　164
- 教育資金口座の開設等　164
- 教育資金口座からの払出しおよび教育資金の支払　164
- 教育資金口座に係る契約の終了　165
- 教育資金とは　165

5-7　住宅取得資金の贈与税の非課税制度　167
- 請負契約に係る消費税の適用関係　169

5-8　贈与税の配偶者控除　171
- 適用を受けるための手続き　171
- 配偶者控除は行った方がよいか　172

■贈与を受けた配偶者が先に亡くなった場合　172

5-9　相続人や被相続人が認知症と認められたら　174
■遺産分割協議　174

■遺　言　175

■相続税対策　175

5-10　収益物件を子や孫に贈与する　176
■親が賃貸物件をもっている場合に事前にしておくこと　176

■贈与財産の価格　176

■不動産収入を子や孫に帰属させる方が有利　176

■土地と建物のどちらの不動産を贈与するか　177

5-11　生命保険の活用のメリット　178
■財産評価を引き下げることで納税額を圧縮　178

■納税資金の確保　179

■遺産分割の対策　180

5-12　生命保険を使った生前贈与　182
■生前贈与で生命保険を活用するメリット　183

■生前贈与で生命保険を活用するデメリット　183

5-13　低解約返戻金型の生命保険の活用　184
■低解約返戻金型の生命保険の活用のメリット　185

■低解約返戻金型の生命保険の活用のデメリット　185

5-14　信託の活用　187
■30年先の相続まで受益者連続型信託で財産を承継する人を指定できる　188

■契約内容を細かく決めることで相続争いを防ぐ　189

■分割して財産を受け渡しできる　189

■贈与に活用することができる　189

5-15	不動産を活用した相続対策（未利用の土地にアパートを建てる） **190**

▎土地の評価方法　**190**

▎建物の評価方法　**191**

▎賃貸住宅経営のメリットおよびデメリット　**191**

5-16	高層階タワーマンションの購入で節税　**193**

▎タワーマンションを購入するメリットおよびデメリット　**194**

5-17	海外資産にも相続税がかかる　**195**

▎海外の銀行預金　**195**

▎海外で加入した保険　**196**

▎海外の不動産　**196**

▎外国税額控除　**196**

▎外貨建て資産の換算　**197**

▎海外資産5,000万円超の場合の申告ルール　**197**

付録1	相続税早見表　**199**
付録2	エンディングノート　**200**

▎エンディングノートとは　**200**

▎エンディングノートと遺言書の違い　**201**

財産リストを作ってみよう

　まず相続のことを考える前に，どのようなものが課税上の相続財産として含められるかを考える必要があります。そしてそれらの財産総額が一定の金額を超えると相続税がかかります。この相続税がかかるかどうか知るためには，まずは財産リストの作成から始まります。ご自身，ご両親がお持ちの財産をリストアップしてみて下さい。

　不動産，現金・預貯金，投資信託などの有価証券，生命保険，その他の財産があると思いますので項目ごとに書き出して下さい。そして各財産の評価方法がわからない場合は各章にて求め方を詳しく解説しておりますので参考にして下さい。

▎不動産（第１章参照）

　不動産については固定資産税の納税通知書の課税明細書をご覧ください。

　土地，家屋の順に書かれています。固定資産税課税標準額というのもありますが，それは固定資産税をかける基となる金額になりますので，ここでは課税評価額，当該年度の価格の欄になります。土地については路線価地域では路線価で評価しますので，固定資産税評価額のままではありませんが，大体の評価額は判断できると思います。家屋についてはその金額が相続税評価額になります。

▎現金・預貯金（第２章参照）

　現在お持ちの現金と，預貯金を記載します。

　預貯金は銀行ごと，口座ごとに，普通預金と定期預金に分けて記載します。

▌有価証券（第2章参照）

　有価証券は，証券会社ごとに，わかるのであれば種類ごとに分けて記載します。

▌生命保険（第2章参照）

　保険の種類，保険会社ごとに分けて記載します。

▌その他の財産

　貴金属や骨董品などで高額なもの，ゴルフ会員権，自動車などわかる範囲で記載してみてください。

　上記のものを合計すると財産合計Ⓐがでてきます（**4-1　財産の総額①**の金額）。

　債務ですが，住宅ローンは団信にご加入されていれば，亡くなった後ローンが残らないと思います。亡くなった後に債務となるものがあれば書いてください。お葬式費用は大体の金額で構いません。その合計が債務合計Ⓑになります（**4-1　債務・葬式費用②**の金額）。

　財産の総額は財産合計Ⓐから債務合計Ⓑを差し引いたものになります（**4-1　財産リストの純資産価額③**の金額）。

　これら財産リストで財産の総額がわかれば，実際に相続税がかかるかどうかを第4章の相続税の計算方法を参考にして計算してみてください。また自分の財産総額の中で評価が下がりそうな資産や今後節税対策ができる資産に関しては各章の評価の仕方や第5章の節税対策を参考にしていただければと思います。

　もしも家財などの財産の中で，相続財産に含まれるかまたは相続税評価額がわからない場合は専門家などに助言を求めることをおすすめ致します。

財産リスト

作成年月日　　平成〇〇年〇〇月〇〇日
作　成　者　　　　　山田　太郎

	土地・建物の区別	所在・地番	地目種類	地積床面積	金額	備考
不動産	土地	東京都文京区〇〇〇丁目〇番〇号	宅地	〇〇㎡	〇〇〇〇〇円	自宅・妻が1/2共有
	建物	東京都文京区〇〇〇丁目〇番地〇号	木造瓦葺き2階建	〇〇㎡	〇〇〇〇〇円	自宅

	種別	銀行・支店名	口座番号	金額	備考
現金・預貯金	現金			〇〇〇〇〇円	
	普通預金	〇〇銀行△△支店		〇〇〇〇〇円	
	定期預金	□□銀行□□支店		〇〇〇〇〇円	

	種別	金融機関	銘柄・数量	時価	備考
有価証券	上場株	〇〇証券〇〇支店	㈱〇〇〇〇　〇〇株	〇〇〇〇〇円	
	上場株	□□証券□□支店	〇〇〇〇㈱　〇〇株	〇〇〇〇〇円	
	投資信託	〇〇銀行△△支店	〇〇ファンド〇〇口	〇〇〇〇〇円	

	保険種類	保険会社	証券番号	保険金額	備考
保険	終身保険	〇〇生命		〇〇〇〇〇円	
	定期保険	□□生命		〇〇〇〇〇円	

	種類			金額	備考
その他	ゴルフ会員権			〇〇〇〇〇円	
	自動車			〇〇〇〇〇円	

財産合計Ⓐ	〇〇〇〇〇〇円

	種類	返済先	残額	備考
葬式費用・債務	自動車ローン	〇〇ローン	〇〇〇〇〇円	
	葬式費用	××××	〇〇〇〇〇円	

債務合計Ⓑ	〇〇〇〇〇〇円

財産総額（財産合計Ⓐ－債務合計Ⓑ）	〇〇〇〇〇〇円

第1章

不動産

1-1 不動産の評価方法

　相続税の計算をするには，まず相続財産の評価をすることが前提となります。相続財産の中でも大半を占める不動産の評価方法についてみていきましょう。

　不動産には大きく分けて土地と建物があります。

▌土　地

　原則として地目（宅地，田，畑，山林など）ごとに評価します。この地目は登記簿記載の地目ではなく，課税時期（相続の場合は被相続人の死亡の日）の現況により判定されます。

　土地の評価方法は 2 段階に分けて考えられます。第 1 段階では基本的計算方法をもとに「土地の標準的な価額」を割出し，第 2 段階で土地の形状や利用形態に応じた「個別事情による評価替え」を行います。

　第 1 段階の基本的計算方法として①路線価方式（主に市街地にある宅地を対象。路線価×各種補正率×地積で計算），②倍率方式（路線価が定められていない地域の土地を対象。その土地の固定資産税評価額×一定の倍率で計算）があります。

　第 2 段階の「個別事情による評価替え」とはⓐ不整形地補正（最大 40% 評価額減），ⓑ広大地評価の特例（最大 65% 評価額減）などの特例が認められています。

　しかし，実際の土地の計測誤差（いわゆる縄伸び）や実際の土地の使用状況などにより問題の出てくるケースもあります。そのような場合には①路線価方式②倍率方式といった評価方式ではなく，不動産鑑定士による不動産鑑定評価により評価額が変わる可能性もあります。

建　物

建物の評価方法は固定資産税評価額がそのまま評価額となります。

■ 不動産の評価方法と対象 ■

不動産	土　地	路線価方式	路線価のある土地（主に市街地の宅地）が対象
		倍率方式	路線価のない土地（郊外や地方の土地）が対象
	建　物	固定資産税評価額	すべての建物が対象

それでは実際に土地の計算をしていきましょう。

◉路線価方式

路線価方式とは，路線価に土地の面積をかけて土地の標準的な価額を算出します。

> 路線価 × 各種補正率 × 土地の面積 ＝ 土地の評価額 ＊

＊　さらに不整形地等で補正率を適用することによって評価額が下がる場合があります。

下記の路線価図の中の■の土地評価額を求めてみましょう。

■ 路線価図 ■

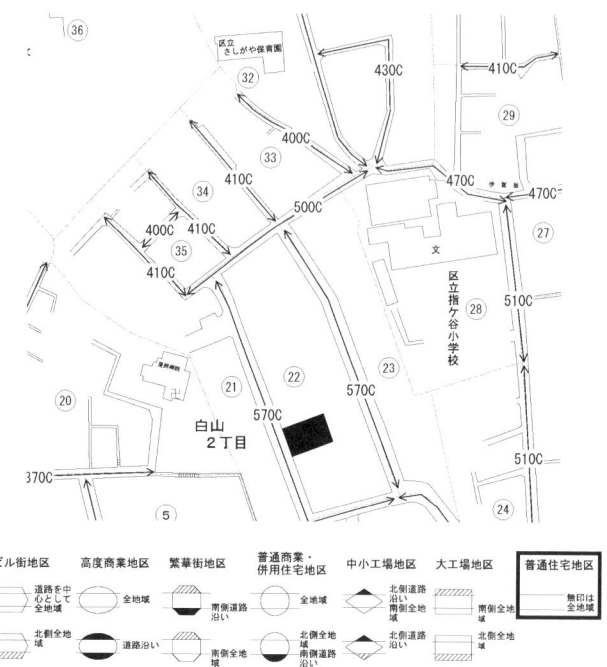

■ 奥行価格補正率表 ■

地区区分 奥行距離 (メートル)	ビル街 地区	高度 商業地区	繁華街 地区	普通商業・ 併用住宅地区	普通 住宅地区	中小 工場地区
4 未満	0.80	0.90	0.90	0.90	0.90	0.85
4 以上 6 未満		0.92	0.92	0.92	0.92	0.90
6 〃 8 〃	0.84	0.94	0.95	0.95	0.95	0.93
8 〃 10 〃	0.88	0.96	0.97	0.97	0.97	0.95
10 〃 12 〃	0.90	0.98	0.99	0.99		0.96
12 〃 14 〃	0.91	0.99				0.97
14 〃 16 〃	0.92		1.00	1.00	1.00	0.98
16 〃 20 〃	0.93	1.00				0.99
20 〃 24 〃	0.94					1.00

4

第1章 不動産

■の土地は，間口が15mで奥行が20mの300m²とします。

路線価図から路線価が1m²あたり570,000円で普通住宅地区に該当し，奥行価格補正率が1.00であることがわかります。

土地の評価額は570,000円×1.00×300m² = 171,000,000円となります。

◉ 倍率方式

倍率方式とは，その土地の固定資産税評価額に評価倍率をかけて土地の評価額を算出します。

固定資産税評価額 × 評価倍率 ＝ 土地の評価額 ＊

＊路線価や評価倍率は毎年定められます。国税庁のホームページで確認することができます。

■ 倍率表 ■

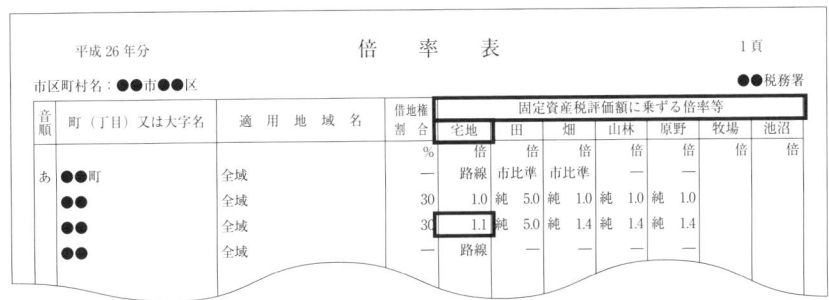

固定資産税評価額を10,000,000円とします。

土地の評価額は10,000,000円×1.1 = 11,000,000円となります。

1-2 土地の評価の計算

　前項（1-1参照）の①路線価方式による土地の評価額の計算をする場合「土地の標準的な評価額」を割出した後，「個別事情による評価替え」を行います。

　「個別事情による評価替え」には①路線立地による補正，②土地の形状による補正，③特殊事情による補正，の3つのレベルに分けて考えます。②および③の場合は，評価の減額ができます。

▍路線立地による補正

　その土地が正面路線以外の路線にも接している場合に計算上の補正をし

■ 路線地による補正の計算 ■

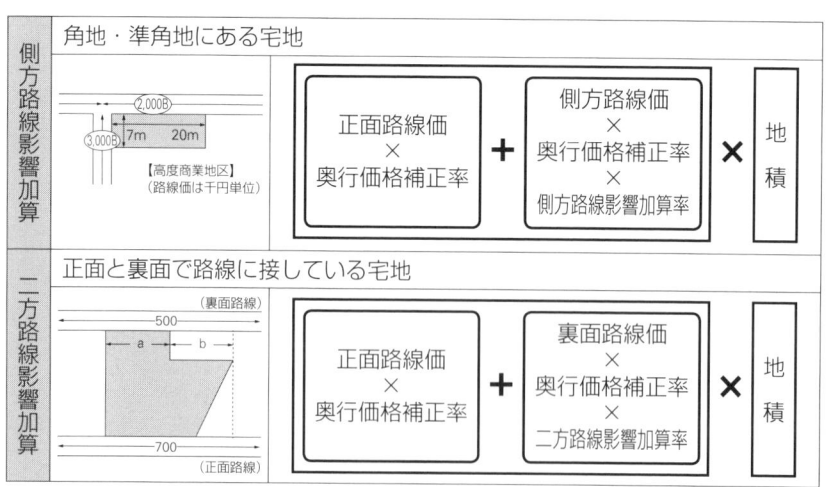

第1章　不動産

ます。
- ▶側方路線影響加算　角地・準角地
- ▶二方路線影響加算　正面と裏面で路線に接している宅地

■ 土地の形状による補正の計算式 ■

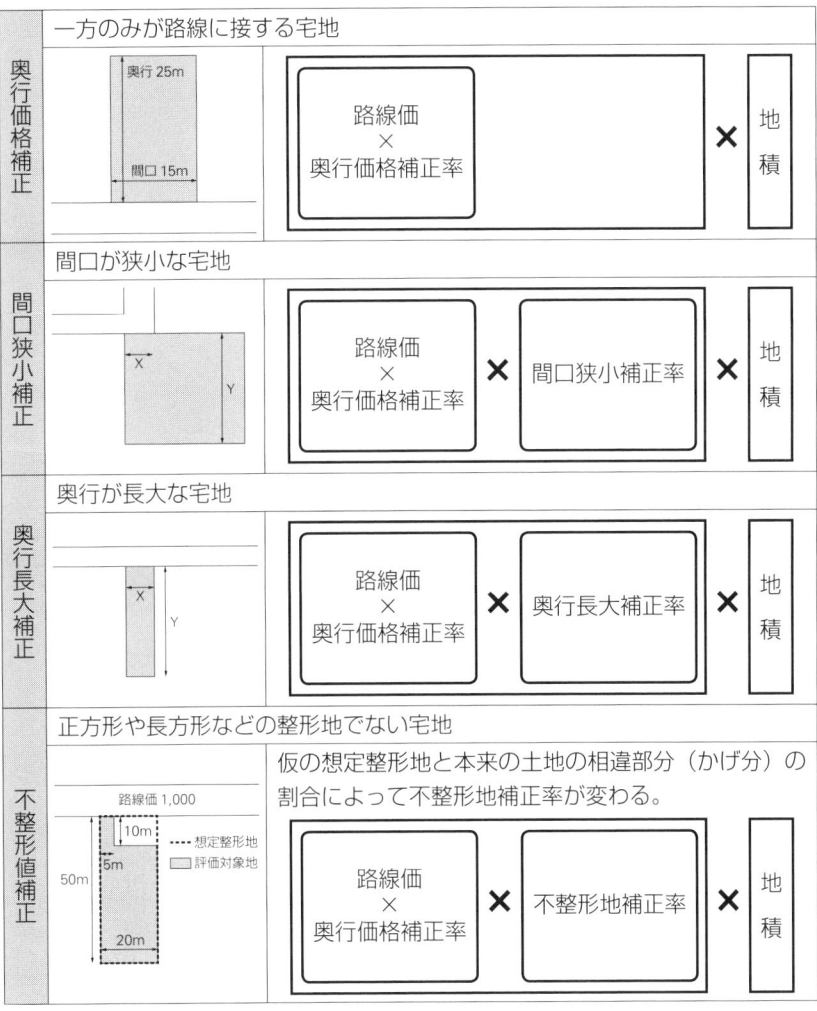

▎土地の形状による補正

　一方のみが路線に接する宅地は路線価に奥行価格補正率をかけた上にさまざまな土地の形状による補正率をかけて計算します。各種補正率表は国税庁のホームページで確認できます。

▎特殊事情による補正

　以下のような特殊要因が存する場合さらに土地の評価額が下がる可能性があります。

■ 特殊事情の一例 ■

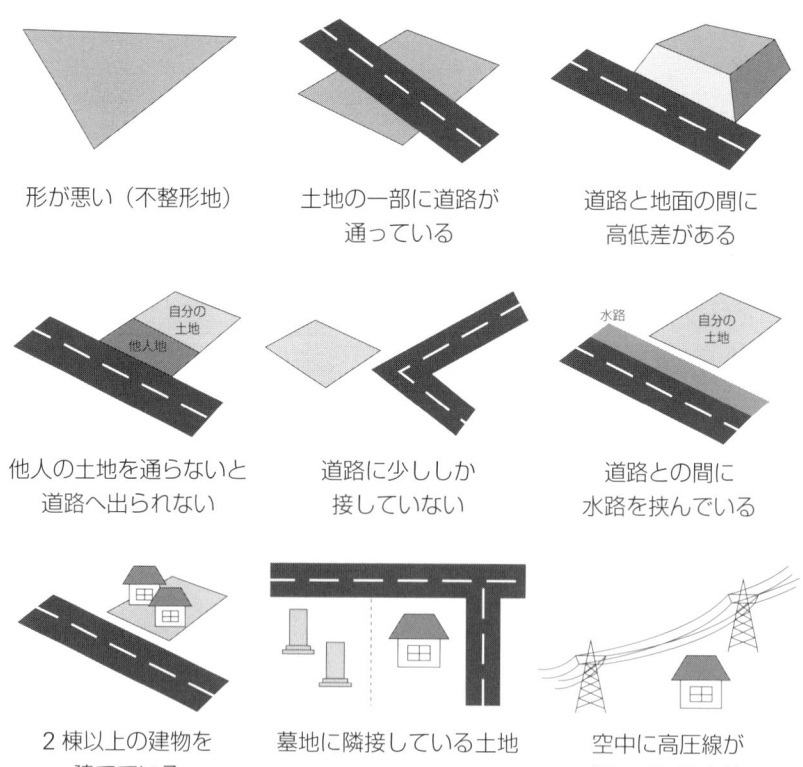

1-3 貸家・貸宅地・貸家建付地の評価

　自己所有の建物や土地を他人に貸している場合，他人の権利（借家権・借地権）により自己の権利が制限されるということで，評価額が下がります。

▌貸　家

　貸家（建物のみを所有）の場合，借家権（借家人の権利）の割合だけ評価が下がります。「借家権割合」は全国一律30％なので，建物本来の評価額（＝固定資産税評価額）の7割が貸家の評価額となります。

> 貸　家　＝　固定資産税評価額　×　（1－借家権割合（一律30％））
> 　　　　＝　固定資産税評価額　×　70％

▌貸宅地

　貸宅地（借地人の建物所有目的のために貸している土地）は，土地の上に借地権という他人の権利の負担が付いているので「借地権割合」に応じて評価額が下がります。

> 貸宅地　＝　自用地の評価額[*1]　×　（1－借地権割合[*2]）

[*1] 自用地とは，他人に貸していない自宅など自分で使っている土地のことです。
[*2] 「借地権割合」とは，路線価方式によれば「路線価図」に倍率方式によれば「評価倍率表」に記されています。

▌貸家建付地

　貸家建付地（建物を建ててその建物を貸している土地）は，土地自体を貸しているわけではなくその上の建物のみを貸しているので，土地自体に貸借関係はありません。しかし，建物が建っている土地は利用制限があるので建物の貸借関係が土地の評価額にも影響を与えます。

　貸宅地（土地自体を貸している）の場合，借地権割合だけ評価額が下がりますが，貸家建付地の場合借地権割合に借家権をかけた分だけ評価額が下がります。

> 貸家建付地 ＝ 自用地の評価額 ×（1－借地権割合 × 借家権割合）

▌貸アパート・貸マンション

　貸アパートや貸マンションなどの集合住宅の場合，建物部分の評価と土地部分の評価（貸家建付地）に分けて計算し，それぞれに「賃貸割合（全面積に対して入居している部分の面積の割合）」も考慮に入れなければなりません。

◉建物部分の評価

> 貸　家 ＝ 固定資産税評価額 ×（1－借家権割合 × 賃貸割合）

◉土地部分の評価

> 貸家建付地 ＝ 自用地の評価額 ×（1－借地権割合 × 借家権割合 × 賃貸割合）

　※貸アパートや貸マンションなどの評価額は上記の貸家（建物部分の評価）と貸家建付地（土地部分の評価）を足したものになります。

賃貸併用住宅

自分の土地に建物を建てて賃貸併用住宅（一部を自宅，その他を賃貸住宅）にしている場合，まず土地と建物に分けさらにそれぞれを自用部分・賃貸部分に分けて考えます。

◉ 建物の評価

〈自用部分〉

> ⓐ自用建物 ＝ 固定資産税評価額 × 自用部分の割合

〈賃貸部分〉

> ⓑ貸　家 ＝ （固定資産税評価額 × 賃貸部分の割合）×
> （1－借家権割合 × 賃貸割合）

◉ 土地の評価

〈自用部分〉

> ⓒ自用土地 ＝ 自用地の評価額 × 自用部分の割合

〈賃貸部分〉

> ⓓ貸家建付地 ＝ （自用地の評価額 × 賃貸部分の割合）×
> （1－借地権割合 × 借家権割合 × 賃貸割合）

上記のⓐ＋ⓑ＋ⓒ＋ⓓが賃貸併用住宅の土地と建物の評価になります。

1-4　小規模宅地の特例とは

　相続税の計算をするにあたって，次の要件に該当する宅地等は当該物件の面積から下記の減額割合表に記載している限度面積の部分まで一定の割合で大幅な減額ができるので土地の評価を下げることが可能になります。
　その要件とは①その相続の開始の直前において②**被相続人等**の事業の用に供されていた③**宅地等**または被相続人等の居住の用に供されていた宅地等は，規定されている限度面積までは一定の割合を減額することができるということです。
　この特例を「小規模宅地等についての相続税の課税価格の計算の特例」といいます。

①この特例は「相続開始前3年以内に贈与により取得した宅地等」や「相続時精算課税に係る贈与」により取得した宅地等には適用されません（4-2，5-2参照）。
②被相続人等とは，「被相続人」または「被相続人と生計を一にしていた被相続人の親族」をいいます。
③宅地等とは，土地または土地の上に存する権利で一定の建物または構築物の敷地の用に供されているものをいいます。

「小規模宅地等についての相続税の課税価格の計算の特例」には下記などがあります。
　①特定事業用宅地（1-6参照）
　②特定同族会社事業用宅地
　③特定居住用宅地（1-5参照）
　④貸付事業用宅地（1-6参照）

第 1 章 不動産

■ 小規模宅地の特例　減額割合表 ■

平成 27 年 1 月 1 日施行

相続開始の直前における宅地等の利用区分			要件	限度面積	減額される割合
被相続人等の事業の用に供されていた宅地等	貸付事業以外の事業用の宅地等		① 特定事業用宅地等に該当する宅地等	400 m²	80%
^	貸付事業用の宅地等	一定の法人に貸し付けられ，その法人の事業（貸付事業を除く）用の宅地等	② 特定同族会社事業用宅地等に該当する宅地等	400 m²	80%
^	^	^	③ 貸付事業用宅地等に該当する宅地等	200 m²	50%
^	^	一定の法人に貸し付けられ，その法人の貸付事業用の宅地等	④ 貸付事業用宅地等に該当する宅地等	200 m²	50%
^	^	被相続人等の貸付事業用の宅地等	⑤ 貸付事業用宅地等に該当する宅地等	200 m²	50%
被相続人等の居住の用に供されていた宅地等			⑥ 特定居住用宅地等に該当する宅地等	330 m²	80%

1-5 小規模宅地の特例（1）
特定居住用宅地

▍特定居住用宅地等

　小規模宅地の特例の中でも特定居住用宅地に該当する宅地等は限度面積の80%の課税価格の減額ができます（平成26年12月31日までは240 m^{2}が限度面積）。この度の改正（平成25年法改正，平成27年1月1日施行）ではこの限度面積が大幅に広がり，特定居住用宅地に該当する宅地等に該当する場合は330 m^{2}までは土地の評価額を80%減額して計算されます。

　自宅等の居住用建物で下記の要件に該当する場合，80%減額の範囲が330 m^{2}までと大きく広がり，相続税の減額要因となっています。

　特定居住用宅地等とは，相続開始の直前において被相続人等の居住用の宅地等で，次の表の区分に応じそれぞれの要件に該当する被相続人の親族が相続または遺贈により取得したものをいいます。

特定居住用宅地等の要件

区分	特例の適用要件	
	取得者	取得者等ごとの要件
被相続人の居住の用に供されていた宅地等	被相続人の配偶者	要件はなく，必ず適用を受けることができます
	被相続人と同居 *1 していた親族	相続開始のときから相続税の申告期限まで引き続きその家屋に居住し，かつ，その宅地等を相続税の申告期限まで有している人
	被相続人と同居していない親族	下記の①および②に該当する場合で，かつ，③から⑤までの要件を満たす人 ①被相続人に配偶者がいないこと ②被相続人の相続開始の直前においてその被相続人の居住の用に供されていた家屋に居住していた親族で相続人がいないこと（被相続人と同居していた親族で法定相続人に該当する者がいないこと） ③相続開始前3年以内に日本国内にある**自己または自己の配偶者が所有する家屋（持ち家）に居住したことがない** *2 こと ④その宅地等を相続税の申告期限まで有していること ⑤相続開始のときに日本国内に住所を有していること，または日本国籍を有していること
被相続人と生計を一にする被相続人の親族の居住の用に供されていた宅地等	被相続人の配偶者	要件はなく，必ず適用を受けることができます
	被相続人と生計を一にしていた親族	相続開始の直前から相続税の申告期限まで引き続きその家屋に居住し，かつ，その宅地等を相続税の申告期限まで有している人

*1 集合住宅において1棟の建物の中に含まれる別区分のマンション2室に分かれて居住の場合は同居になりません。
　　二世帯住宅の場合，この度の改正で一階部分と二階部分に分かれて住んでいても同居とみなすことになりました（1-7参照）。
*2 自宅を所有はしているが，転勤等で別の賃貸住宅に住んでいた場合です。

小規模宅地等の特例の計算例

それでは小規模宅地等の特例の計算例をみていきましょう。

◉ 特定居住用宅地等

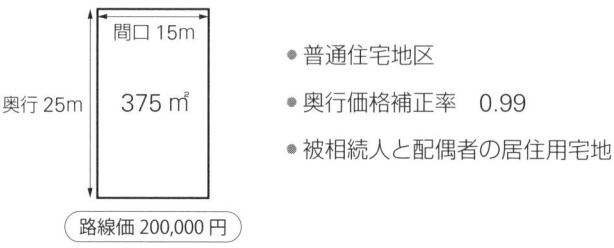

上記の土地に被相続人と配偶者が住んでいたとします。

特定居住用宅地等の場合，減額が受けられるのは330 m^2 までの面積で，その面積に対して80％減額となります。

①土地の評価額

$$200,000 円 × 0.99 × 375 m^2 = 74,250,000 円 \quad ❶$$

②小規模宅地等の特例を使った評価減の金額

375 m^2 の内330 m^2 まで特例の適用が受けられるので

$$74,250,000 円 × \frac{330 m^2}{375 m^2} × 80\% = 52,272,000 円 \quad ❷$$

③小規模宅地の特例適用後の土地の評価額（❶−❷）

$$74,250,000 円 － 52,272,000 円 = 21,978,000 円$$

第1章　不動産

◉ 特定居住用宅地等と特定事業用宅地等

間口 11m
奥行 30m　330 ㎡
路線価 200,000 円

- 普通住宅地区
- 奥行価格補正率　0.98
- 被相続人と配偶者の居住用宅地

間口 20m
奥行 20m　400 ㎡
路線価 200,000 円

- 普通住宅地区
- 奥行価格補正率　1.00
- 被相続人と配偶者の事業用宅地

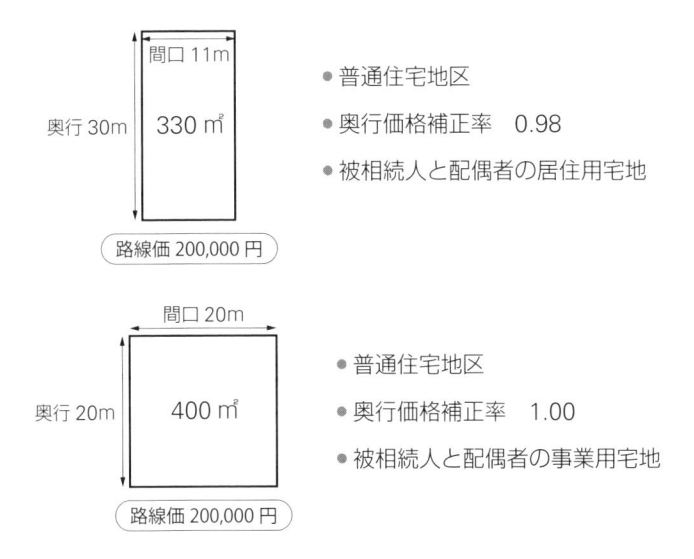

　平成 27 年の大改正により**特定居住用宅地等と特定事業用宅地等の両方とも限度面積まで 80%減額**ができるようになりました。
　それでは上記の土地の評価額を求めてみましょう。

〈特定居住用宅地等〉

① 土地の評価額

　　200,000 円 ×0.98×330 ㎡ ＝ 64,680,000 円

② 小規模宅地等の特例を使った評価減の金額

　　64,680,000 円 × $\dfrac{330 ㎡}{330 ㎡}$ ×80％＝ 51,744,000 円

③ 小規模宅地の特例適用後の土地の評価額（①－②）

　　64,680,000 円－ 51,744,000 円＝ <u>12,936,000 円</u>　❶

〈特定事業用宅地等〉

①土地の評価額

200,000 円 × 1.00 × 400 m² ＝ 80,000,000 円

②小規模宅地等の特例を使った評価減の金額

80,000,000 円 × $\frac{400 \text{ m}^2}{400 \text{ m}^2}$ × 80% ＝ 64,000,000 円

③小規模宅地の特例適用後の土地の評価額（①－②）

80,000,000 円 － 64,000,000 円 ＝ 16,000,000 円　❷

　　❶＋❷＝ 28,936,000 円

　小規模宅地の特例を受ける前の土地の評価額は64,680,000 円＋80,000,000 円を合計すると144,680,000 円となり，特例の適用を受けた後の土地の評価額は28,936,000 円のため，115,744,000 円評価減となったことがわかります。

　平成27年の改正前は特定事業用宅地等で400 m² 80%まで減額を受けたら，**特定居住用宅地等では特定の適用を受けることができませんでした**。改正前の評価減の金額は64,000,000 円となり，51,744,000 円評価減の適用が受けられませんでした。

　平成27年の改正で基礎控除額が下がり，税率が上がったことは大きいですが，事業用宅地と居住用宅地の両方がある人にとっては，この改正はとても有利な改正だといえます。

◉ **特定居住用宅地等と貸付事業用宅地等**
　上記で限度面積について改正があったと説明したとおり，貸付事業用宅地等がある場合も，限度面積の計算方法が変更になっています。

▓ 変更後の計算式 ▓

A. 事業用宅地の面積（貸付事業用を除く）
B. 居住用宅地の面積
C. 貸付事業用宅地の面積

間口 10m
奥行 19.8m　198 ㎡
路線価 200,000 円

- 普通住宅地区
- 奥行価格補正率　1.00
- 被相続人と配偶者の居住用宅地

間口 10m
奥行 20m　200 ㎡
路線価 200,000 円

- 普通住宅地区
- 奥行価格補正率　1.00
- 被相続人の貸付事業用宅地

それではまず上記の土地の限度面積を求めてみましょう。

居住用宅地の方が80%の減額を受けられるため有利になります。居住用宅地の限度面積は330 ㎡です。今回198 ㎡のため，すべての敷地が減額を受けることができます。今度は330 ㎡まで減額を受けることができるので，まだ減額を受けることができる面積が残っています。その部分は貸付事業用宅地で減額を受けることになります。計算方法は下記のようになります。

198 ㎡ × 200 ㎡ ／ 330 ㎡ = 120 ㎡
（←330 ㎡ を 200 ㎡ のベースで計算しなおしたときに今現在どれくらいの面積で減額を受けているか）

200 ㎡ − 120 ㎡ = 80 ㎡
（←貸付事業用宅地で減額が受けられる面積）

〈特定居住用宅地等〉

①土地の評価額

　　　200,000円×1.00×198 m² = 39,600,000円

②小規模宅地等の特例を使った評価減の金額

　　　39,600,000円×80% = 31,680,000円

③小規模宅地の特例適用後の土地の評価額（①-②）

　　　39,600,000円 - 31,680,000円 = 7,920,000円　❶

〈貸付事業用宅地等〉

①土地の評価額

　　　200,000円×1.00×200 m² = 40,000,000円

②小規模宅地等の特例を使った評価減の金額

　　　40,000,000円 × $\dfrac{80 \text{ m}^2}{200 \text{ m}^2}$ ×50% = 8,000,000円

③小規模宅地の特例適用後の土地の評価額（①-②）

　　　40,000,000円 - 8,000,000円 = 32,000,000円　❷

　　　❶+❷ = 39,920,000円

1-6 小規模宅地の特例(2)
特定事業用宅地,貸付事業用宅地

▌特定事業用宅地等

　被相続人の事業を相続人が承継した場合,その事業用の財産に通常通りの相続税が発生すると相続人の生活の基盤を失ってしまうおそれがあることから認められた相続税の軽減措置の1つです。

　適用できる可能性が高いものとして,個人経営の飲食店・小売店が考えられます。

　特定事業用宅地等とは,相続開始の直前において被相続人等の事業(貸付事業を除く)用の宅地等で,次の表の要件すべてに該当する被相続人の親族が相続または遺贈により取得したものをいいます。

　この特例が適用されると,限度面積の400 m^{2}までは宅地の評価額が80％減額されます。

■ 特定事業用宅地等の要件 ■

区分		特例の適用要件
被相続人の事業の用に供されていた宅地等	事業承継要件	その宅地等の上で営まれていた被相続人の事業を相続税の申告期限まで引き継ぎ,かつ,その申告期限までその事業を営んでいること。
	保有継続要件	その宅地等を相続税の申告期限まで有していること。
被相続人と生計を一にしていた被相続人の親族の事業の用に供されていた宅地等	事業承継要件	相続開始の直前から相続税の申告期限まで,その宅地等の上で事業を営んでいること。
	保有継続要件	その宅地等を相続税の申告期限まで有していること。

■ 特定事業用宅地の例 ■　　■ 貸付事業用宅地（駐車場など）の例 ■

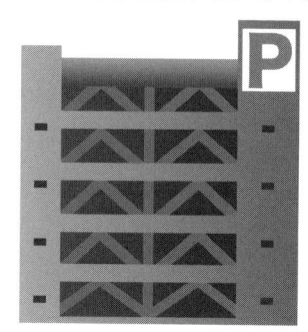

▌貸付事業用宅地等

　貸付事業用宅地等とは，相続開始の直前において被相続人等の貸付事業の用に供されていた宅地等で，次の表の要件すべてに該当する被相続人の親族が相続または遺贈により取得したものをいいます。

　貸付事業とは「不動産貸付業」「駐車場業」「自転車駐車場業」「準事業（事業と称するに至らない程度のもの）」をいい，事業規模は問わず特例の対象となります。

　ただし，特例の対象となるのは相当の対価を得て継続的に行うものに限られますので，無償や使用貸借など親族などに著しく低い賃料で貸していた場合は特例の対象外として適用できません。

　また，特例の対象は建物または構築物の敷地の用に供されている宅地等に限られるので，青空駐車場（構築物の施設がない駐車場）は特例の対象外です。一方，アスファルト敷や立体駐車場の場合は構築物の存在が明白であるため特例の対象となります。砂利敷の路面は構築物とされ特例の構築物に含まれます。ただし，砂利の量や埋没の程度により特例の対象から除外されることもありますので慎重に検討することが必要です。

　この特例が適用されると，限度面積の200㎡までは宅地の評価額が50%減額されます。

■ 貸付事業用宅地等の要件 ■

区分		特例の適用要件
被相続人の貸付事業の用に供されていた宅地等	事業承継要件	その宅地等に係る被相続人の貸付事業を相続税の申告期限まで引き継ぎ，かつ，その申告期限までその貸付事業を営んでいること
	保有継続要件	その宅地等を相続税の申告期限まで有していること
被相続人と生計を一にしていた被相続人の親族の貸付事業の用に供されていた宅地等	事業承継要件	相続開始の直前から相続税の申告期限まで，その宅地等に係る貸付事業を営んでいること
	保有継続要件	その宅地等を相続税の申告期限まで有していること

Point!

▶ 青空駐車場は，この特例の適用が受けられません。

1-7 小規模宅地の特例（3）
二世帯住宅

　平成26年1月1日から改正された「小規模宅地等の特例」の条件緩和の1つに二世帯住宅があります。

　特例の条件である「同居」とは，一棟の建物に居住し，生計をともにしていることになります。なので，親の土地の敷地内に別棟の建物を建て，親と子の世帯が別々に居住している場合には特例は適用されません。

　この「同居」の解釈について二世帯住宅の構造の条件が緩和されました。

　改正前は二世帯住宅の建物内で互いに行き来できる構造でなければ特例の適用はありませんでした。しかし改正後は，出入口が別々で内部が完全に分離したプライバシー配慮型の二世帯住宅にも特例が適用されるようになりました。

　また，二世帯住宅では建物の登記にも注意が必要です。

　仮に，親子で区分所有登記をしていた場合，亡くなった親の居住部分にしか特例の適用はありません。1階と2階を親子で別々に登記すると適用を受けられる部分が少なくなります。そのため，建物全体を親子で共有登記にしておく必要があります。

　さらに，この特例の適用を受けるには相続開始時（死亡時）に相続人である子がそこに居住している必要があります。子世帯全員が転勤で引っ越してしまうと適用されません。一方，転勤の際に家族を残して単身赴任すると，生活の拠点は自宅である二世帯住宅にあるとみなされるので特例の適用が可能です。

■ 二世帯住宅への適用 ■

建　物		改正前	改正後
別棟住まい		×	×
従来型同居		○	○
二世帯住宅	内部で行き来できる構造	○	○
	別々の出入口をもつ完全分離型	×	○

■ 別棟住まい　特例適用なし ■

■ 従来型同居　特例適用あり ■

■ 二世帯住宅　内部で行き来できる構造 ■

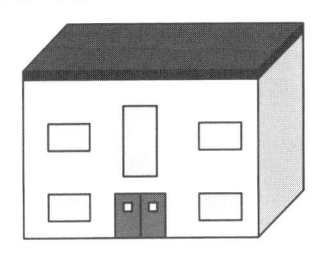

■ 二世帯住宅　別々の出入口をもつ完全分離型 ■

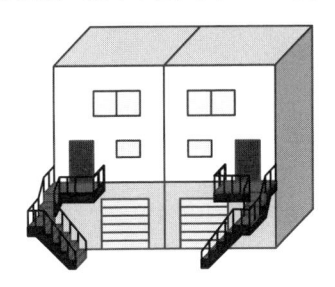

1-8 小規模宅地の特例（4）老人ホーム

　平成26年1月1日から改正された「小規模宅地等の特例」で緩和された要件に老人ホームの取扱いがあります。

　相続開始時（亡くなったとき）に「要介護認定」「要支援認定」を受けていれば，特例を適用できる範囲が拡充されました。ただし，空家になった自宅を人に貸していると適用の対象外です。

　これは，改正前は「生活の拠点」が重視され「終身利用権や所有権つきの老人ホーム」は「生活の拠点を自宅から移した」とみなされ対象外となり，自宅の不在中もいつでも帰れるように家の維持管理が必要でしたが，この要件がなくなりました。

　改正の趣旨は，病院に入院していた場合は（一時的に自宅を離れ「生活の拠点」は自宅にある）特例が適用されるのに対して，老人ホームの場合では制限されていたものを改正したものです。

▌改正前の要件

　改正前の要件は下記のとおりでした。
①被相続人の身体または精神上の理由により介護を受ける必要があるため，老人ホームへ入所したこと
②被相続人がいつでも生活できるよう自宅の維持管理が行われていたこと
③入所後，新たに自宅を他の者の居住の用，その他の用に供した事実がないこと
④被相続人またはその親族が，老人ホームの所有権あるいは終身利用権を取得していないこと

改正後の要件

改正後は②と④の要件がなくなり、①と③だけになりました。

- ▶ 被相続人の身体または精神上の理由により介護を受ける必要があるため、老人ホームへ入所したこと
- ▶ 入所後、新たに自宅を他の者の居住の用、その他の用に供した事実がないこと

老人ホーム：制約なし

自宅：空家
　　　維持管理不要

1-9 小規模宅地の特例（5）
家なき子

　小規模宅地等の特例における特定居住用宅地等については，被相続人（亡くなった人）の居住用宅地等を①配偶者が取得したとき，②配偶者以外の親族が取得して相続税の申告期限まで居住と保有を継続したときに適用があります。

　この特例が適用されると，被相続人が居住していた宅地の評価額が80％減額され，大幅な相続税の節税になります。

▎「家なき子」該当要件

　この特例は，配偶者と「同居」親族にかぎり適用されると思われがちですが，実際には同居していなくても適用が受けられるケースがあります。

　これは通称「家なき子」と呼ばれ，要件は下記のとおりです。

　①被相続人の居住用宅地等を取得した親族であること
　②その親族が相続開始前3年以内に本人または配偶者の国内にある持ち家に居住していないこと
　③その親族が日本国籍を有しない制限納税義務者でないこと
　④相続税の申告期限まで保有を継続すること
　⑤被相続人に配偶者または同居親族がいないこと

　例えば，「母はすでに他界しており，父が東京の自宅で亡くなった場合。相続人は子一人であったが，この子が大阪に転勤後3年間以上「賃貸」マンションに住んでいた」場合はこの特例が適用されます。要件のポイントは，下記のとおりになります。

　▶相続人の「配偶者」や「同居していた親族」がいないこと

▶ 相続開始前3年以内に国内にある自己または自己の配偶者の所有する家屋（持ち家）に居住していないこと

相続開始前3年以内に「持ち家」に住まないことがポイントなので，「家なき子」と呼ばれます。これは住まないことが要件なので，居住しなければ所有していても構いません。
　また，次の場合は注意が必要です。

孫と同居

「被相続人には配偶者がなく，孫（長男の子，養子縁組なし）と2人で暮らしていた」場合，特例の適用には，被相続人に「配偶者」または「同居親族」がいないことが要件になっているので，問題となります。しかし，この「同居親族」は相続人に限定されており，孫は含まれません。したがって，この特例の適用が受けられます。

配偶者と別居

被相続人は一人暮らしでしたが，配偶者はおり，別居中でした。被相続人に「配偶者」または「同居親族」がいないことが要件なので，別居中とはいえ配偶者がいる場合はこの特例の適用が受けられません。

1-10 マンション・アパートの評価

　マンション・アパートの全体の評価方法は**1-3**で述べたとおりですが、マンションやアパートの一室を所有している場合はどうなるのでしょう。

　わかりやすく分譲マンションとして説明します。

　分譲マンションの一室の場合、建物の権利においては区分所有権、土地の権利においては敷地権が含まれます。ですので、土地の敷地権も戸建住宅と同じように土地の評価をする必要があります。

　そのため相続税の計算をする場合は分譲マンションの場合でも一戸建住宅と同じように建物部分と土地部分に分けて評価計算していきます。

▌建物部分

　区分所有部分の建物部分の評価は相続開始時の**固定資産評価額**で評価され、通常は取得価額よりも比較的低い金額になります。

　ちなみに同じ間取りで同じ床面積の部屋であれば、階数とは無関係に同じ固定資産評価額になります（詳しくは**5-16**参照）。

▌土地部分

　土地の敷地権について相続税の評価をする場合、マンションの敷地全体を路線価もしくは倍率方式で評価した後、各部屋の持分割合で按分します。通常マンション建築は戸建住宅よりも高層となり住戸数が増える傾向にあるので、建物の専有部分が有する敷地権割合は低くなりがちなので、相続税を計算する上での敷地権の評価額も低くなります。

　また、建物部分と同じく専有部分の床面積が同じであれば、階数とは無関係に敷地権の相続税評価額も同じになります。

第 1 章　不動産

◉ マンション用地の土地の評価

例　普通住宅地区に所在する路線価25万円，30 m×30 mの土地（900 m²）の上にあるマンションを例にあげます。そのマンションの一室（敷地権として共有持分10,000分の525）を所有していた場合，土地部分の評価は下記のように計算します。

$$\text{土地部分} = \text{敷地全体の評価額} \times \text{敷地権の共有持分}$$

$$220{,}500{,}000\text{円} \times \frac{525}{10{,}000} = 11{,}576{,}250\text{円}$$

■ マンションの評価イメージ ■

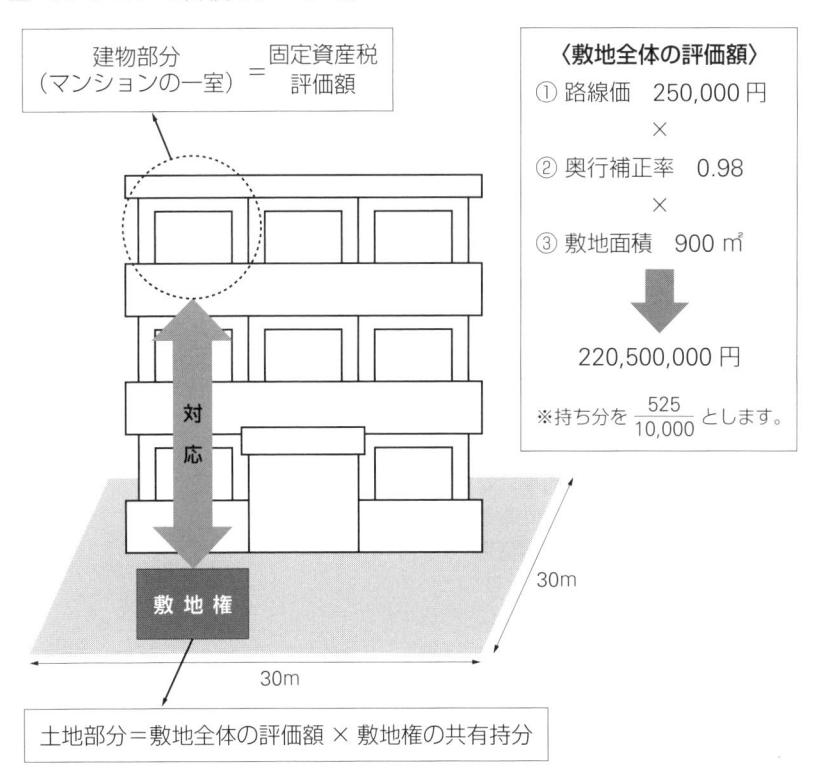

建物部分（マンションの一室） ＝ 固定資産税評価額

〈敷地全体の評価額〉
① 路線価　250,000 円
　　×
② 奥行補正率　0.98
　　×
③ 敷地面積　900 ㎡
　　↓
　220,500,000 円

※持ち分を $\frac{525}{10{,}000}$ とします。

対応

敷地権

30m
30m

土地部分＝敷地全体の評価額 × 敷地権の共有持分

1-11 広大地の評価

　広大地とは，その有する面積が三大都市圏（東京・大阪・名古屋）では500 m² 以上，それ以外の地域では1,000 m² 以上の広い土地で，さまざまな要件を満たし広大地に該当すると相続税評価額が約42％〜65％も減額されます。

　広大地の評価方法は，1 m² 当たりの価額（路線価方式と倍率方式で求め方が違います）× 広大地補正率 × 地積で計算します。

広大地の評価方法

〈路線価方式〉

広大地の価額 ＝ 正面路線価* × 広大地補正率 × 地積

＊その土地が面する最も高い路線価

〈倍率方式〉

広大地の価額＝ その広大地が標準的な間口距離および奥行距離を有する宅地であるとした場合の1 m² 当たりの固定資産税評価額* × 宅地の評価倍率 × 広大地補正率 × 地積

＊市町村の固定資産税担当部署において求めると「固定資産評価証明書」に「その広大地が標準的な間口距離及び奥行距離を有する宅地であるとした場合の1 m² 当たりの固定資産税評価額」が付記されこの「1 m²

当たりの固定資産税評価額」が求められます。
　一般の宅地のように「固定資産税評価額」をそのままでは使いません。

■ 補正率表 ■

地積	500 m²	1,000 m²	2,000 m²	3,000 m²	4,000 m²	5,000 m²
広大地補正率	0.575	0.55	0.50	0.45	0.40	0.35

＊広大地補正率＝0.6－0.05×地積÷1,000で計算します。

広大地該当の判定基準

広大地に該当するためには，以下の4つの要件に該当する必要があります。

①大規模工場用地に該当しない（工場専用地域など）

②マンション適地に該当しない

③近隣の標準的な宅地に比して著しく地積が広大であること

④開発をした場合つぶれ地等の公共公益的施設用地が必要と認められること

■ **広大地判定フローチャート** ■

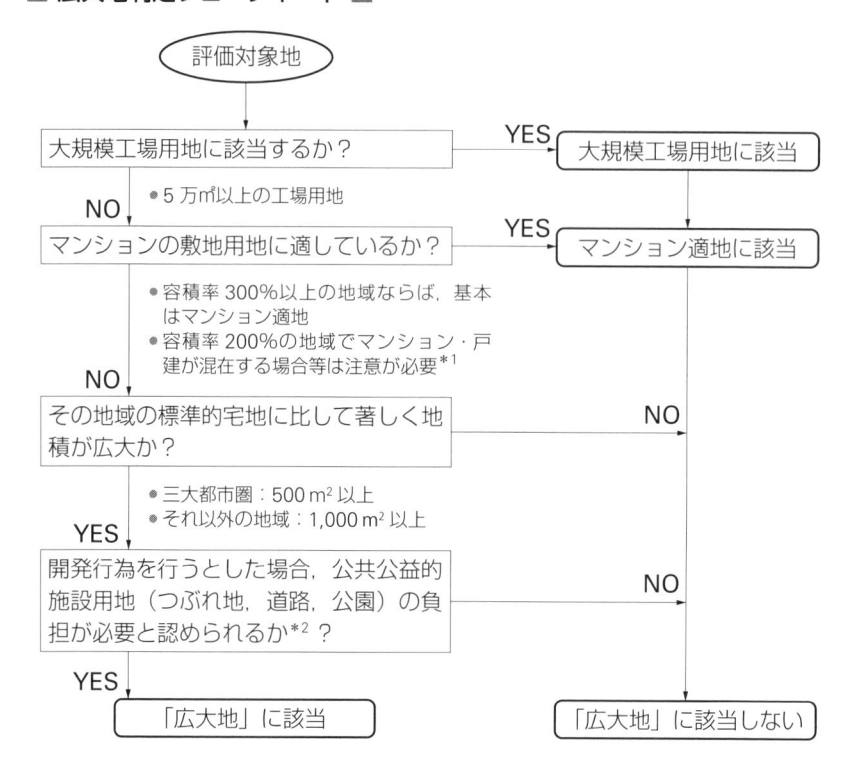

```
           ┌─────────────┐
           │  評価対象地  │
           └──────┬──────┘
                  ↓
    ┌──────────────────────────┐   YES   ┌──────────────────┐
    │ 大規模工場用地に該当するか？├────────→│ 大規模工場用地に該当 │
    └──────────┬───────────────┘         └──────────────────┘
               │ NO    ● 5万㎡以上の工場用地
               ↓                            YES
    ┌──────────────────────────────┐    ┌──────────────────┐
    │ マンションの敷地用地に適しているか？├───→│ マンション適地に該当 │
    └──────────┬───────────────────┘    └──────────────────┘
               │    ● 容積率300%以上の地域ならば，基本
               │      はマンション適地
               │    ● 容積率200%の地域でマンション・戸
               │      建が混在する場合等は注意が必要*1
               │ NO
               ↓
    ┌──────────────────────────┐   NO
    │ その地域の標準的宅地に比して著しく地 ├──────────┐
    │ 積が広大か？                │          │
    └──────────┬───────────────┘          │
               │    ● 三大都市圏：500 ㎡以上   │
               │    ● それ以外の地域：1,000 ㎡以上│
               │ YES                         │
               ↓                             │
    ┌──────────────────────────┐   NO       │
    │ 開発行為を行うとした場合，公共公益的 ├──────────┤
    │ 施設用地（つぶれ地，道路，公園）の負 │          │
    │ 担が必要と認められるか*2？       │          │
    └──────────┬───────────────┘          │
               │ YES                         ↓
               ↓                     ┌──────────────────┐
        ┌──────────────┐             │「広大地」に該当しない│
        │「広大地」に該当 │             └──────────────────┘
        └──────────────┘
```

＊1 マンション適地に該当するかどうかの判断は周辺の状況（場合により過去にも遡って判断）や専門家の意見によって変わってきます。専門家に相談するなど慎重な判断が必要です。

＊2 公共公益的施設用地の負担とは，戸建住宅の分譲を目的に土地の最有効利用のため開発行為を行うとした場合，その開発区域内に道路の開設（つぶれ地）が必要と認められるものをいいます。
路地状開発（敷地の区画が路地によって公共道路等に繋がっているものが合理的とされる）の場合，広大地にはあたりません。

1-12 農地の評価

　農地は農地法等により宅地への転用が制限（原則として農地は都道府県知事の許可がないと転用や譲渡ができません）され地価事情（固定資産評価額等）も宅地とは大きく異なります。

　農地の宅地への転用の可能性・難易度に応じて、農地を①純農地、②中間農地、③市街地農地、④市街地周辺農地の4種類に分類＊して相続税の計算をします。

　　＊農地の分類は、路線価の倍率表に記載されています。

純農地・中間農地

　まず①純農地、②中間農地の場合、農地から宅地への転用は特別な事情がないかぎり原則不許可なので、相続税の計算においても農地としての固定資産税評価額を基礎に土地の評価をします。

　純農地・中間農地は、固定資産税評価額に「田」または「畑」の別（倍率表＊に表示）に定められた倍率をかけて評価します。

> 純農地および中間農地の価額＝固定資産税評価額 × 倍率＊

　　＊この倍率は倍率表の「固定資産税評価額に乗ずる倍率等」欄のうち「田」または「畑」の欄に「純（純農地）」「中（中間農地）」の区別に分けて表示されます。

市街地農地および市街地周辺農地

　市街地農地とは①市街化区域に所在し、かつ農業委員会への届出（転用許可は不要）により宅地への転用が可能②すでに宅地への転用許可済の農地なので、相続税の計算においては農地のままの価額を基礎にするのではなく、

宅地としての価額を基礎に評価します。このような評価方法を宅地比準方式といい市街地農地の原則的評価方式です。

なお，倍率方式で計算する場合，農地には宅地としての固定資産税評価額が付されていないので，「農地を宅地とした場合の固定資産税評価額」に置きなおして計算しなければなりません。この置きなおしの計算にはかなりの専門的知識が要求されますので，専門家に相談することをおすすめします。

■ **市街地農地の比準方式** ■

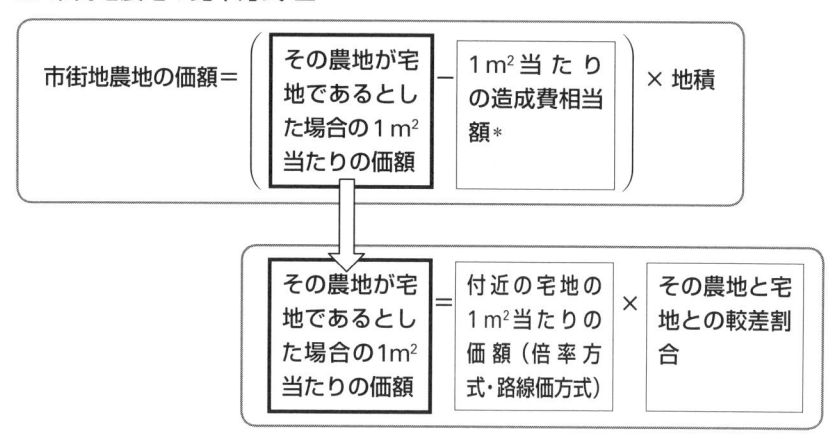

市街地農地の価額 ＝ （その農地が宅地であるとした場合の1m²当たりの価額 － 1m²当たりの造成費相当額*）× 地積

その農地が宅地であるとした場合の1m²当たりの価額 ＝ 付近の宅地の1m²当たりの価額（倍率方式・路線価方式）× その農地と宅地との較差割合

＊ 1m²当たりの宅地造成費は財産評価基準書（国税庁ホームページの「路線価図」の箇所にて確認できます）の「宅地造成費の金額表」で調べることができます。

市街地周辺農地

市街地周辺農地とは，市街地または市街化が著しい区域に所在し原則として宅地転用が許可されます。そのため市街地農地と同様に相続税の計算においては農地のままの価額を基礎にするのではなく，宅地としての価額を基礎に評価します。

市街地周辺農地も原則として宅地比準方式により評価しますが，**市街地農地が届出のみで宅地への転用可能なのに対して，市街地周辺農地の場合転用するのは許可が必要であることを考慮して市街地農地の80%相当額で評価**されることとなっています。

1-13 山林の評価

　山林の評価*は，山林を①純山林，②中間山林，③市街地山林の3種類に分類して相続税の計算をします。

　　　*山林の評価とは，木の評価ではなく木が生えている土地の評価になります。

純山林・中間山林

　①純山林，②中間山林は，固定資産税評価額に倍率表に定められた倍率をかけて評価します。

> 純山林および中間山林の価額 ＝ 固定資産税評価額 × 倍率*

　　　*この倍率は倍率表の「固定資産税評価額に乗ずる倍率等」欄のうち「山林」の欄に「純（純山林）」「中（中間山林）」の区別に分けて表示されます。

　なお，山林の地積に縄延（実際の地積が登記簿上の地積より大きい場合）がある場合には，固定資産税評価額を実際の地積に対応する額に計算し直してから評価倍率をかけます。

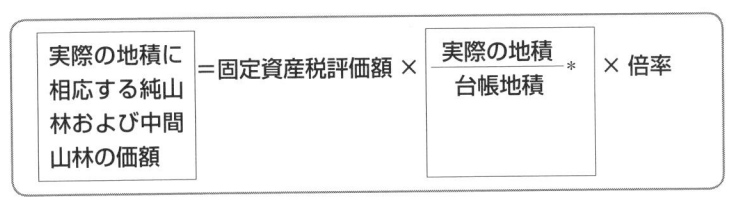

> 実際の地積に相応する純山林および中間山林の価額 ＝ 固定資産税評価額 × $\dfrac{実際の地積}{台帳地積}$* × 倍率

　　　*縄延分を考慮した計算。台帳地積の固定資産税評価額を実際の地積の固定資産税評価額に計算し直す際の計算方法です。

市街地山林

　相続税の計算において市街地山林の評価は，市街地農地と同様に山林のままの価額を基礎にするのではなく，宅地としての価額を基礎に宅地比準方式で評価します。

　なお，倍率方式で計算する場合，市街地農地と同様に「山林を宅地とした場合の固定資産税評価額」に置きなおして計算しなければなりません。この置きなおしての計算にはかなりの専門的知識が要求されますので，専門家に相談することをおすすめします。

■ 市街地山林の比準方式 ■

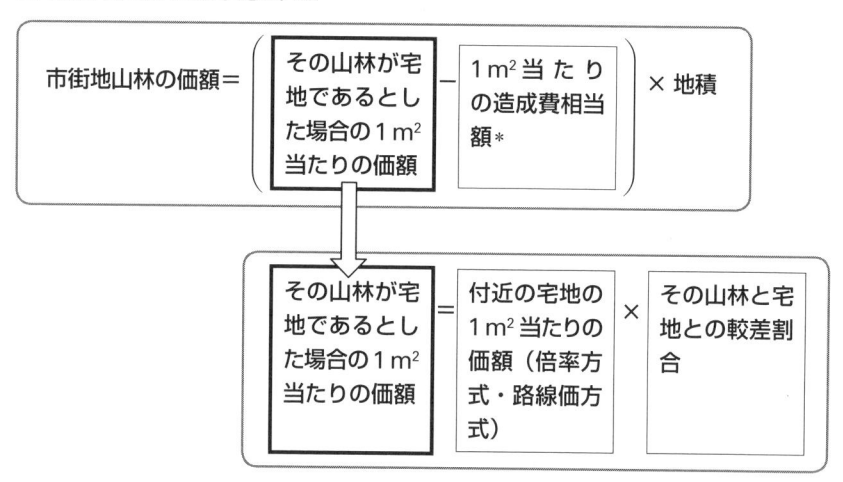

市街地山林の価額 ＝ （その山林が宅地であるとした場合の1m²当たりの価額 － 1m²当たりの造成費相当額*）× 地積

その山林が宅地であるとした場合の1m²当たりの価額 ＝ 付近の宅地の1m²当たりの価額（倍率方式・路線価方式）× その山林と宅地との較差割合

＊1m²当たりの宅地造成費は財産評価基準書（国税庁ホームページの「路線価図」の箇所にて確認できます）の「宅地造成費の金額表」で調べることができます。

第1章 不動産

▌立木の評価

立木も相続税の計算対象となります。次の式で計算します。

> 立木の評価 ＝ 森林の主要樹種の標準価額 ×
> 地味級 × 立木度 × 地利級 × 森林の地積

※立木の評価にはかなりの専門的知識を要しますので、関係機関や専門家に相談されることをおすすめします。
※ 相続人が取得した場合は85％の評価にできます。

1-14 農地の納税猶予

　農業を営んでいた被相続人から相続または遺贈により取得した農地は，一定の要件のもとに本来の税額から農業投資価格（国税庁ホームページで確認できます）を控除した納税猶予額部分の納税が**猶予**されます。

　納税猶予額は一定の事実を備えると**免除**されることになります。

　しかし，免除になる以前に譲渡や耕作放棄などをした場合は納税猶予が打ち切られ猶予税額の全部または一部と利子税を納付しなければならなくなります。

■ 納税猶予の特例を受けるための要件 ■

	要件
被相続人	①死亡の日まで農業経営を行っていた人 ②農地等の生前一括贈与をした人
相続人	①相続か遺贈により取得した農地等で相続税の申告期限までに農業経営を開始し，その後も農業を継続すると認められる人 ②農地等の生前一括贈与を受けた受贈者
対象となる農地等	被相続人が農業用に使用していた農地，採草放牧地または農用地区域内の準農地で，次のいずれにも該当するもの ①被相続人から相続または遺贈（生前一括贈与等）を受けた農地等であること ②相続税の申告期限内に分割された農地等であること＊ ③被相続人が農業用として農地等を使用していたものであること ④相続税の期限内申告書に，この制度の適用を受ける記載があること ⑤準農地は，農地および採草放牧地とともに取得したものであること

＊相続人の要件より申告期限内にその農地を取得し，農業経営を開始する必要があることから，申告期限までに遺産分割を済ませておかなければなりません。

納税猶予の免除

　農地等の納税猶予税額は次のいずれかの事実に該当することとなったときに免除されることになります。

　なお，相続時精算課税に係る贈与によって取得した農地等はこの特例の適用を受けることはできません。

◉納税猶予税額が免除となる場合

　この特例の適用を受けた農業相続人が下記のいずれかに該当すれば納税猶予額は免除となります。

　①農業相続人自身が死亡した場合。
　②次の農業後継者に生前一括贈与した場合。
　③農業を20年間継続した場合。

納税猶予の打ち切り

　納税猶予額が免除となる以前に，特例農地等について譲渡等（譲渡，贈与，転用）や農業経営の廃止があった場合は，納税猶予が打ち切られます。

　その日から2ヵ月以内に猶予税額の全部または一部と利子税（相続税申告書の提出期限の翌日から納税猶予の期限までの日数の割合）を納めなければなりません。

コラム 1　　仏壇・お墓

　相続税対策の1つに仏壇やお墓を生前に購入するということがあります。

　仏壇やお墓は祖先を祀る祭祀財産として非課税財産にあたり，相続税がかかりません。

　お墓代の全国平均は約100～200万円，東日本では平均約150～300万円となっています。仏壇の価格はさまざまですが，品物によっては200万円以上という物もあります。

　お墓代には永代使用料という代々にわたってその土地を使用できる権利が含まれ，地価の高い東京等では数十万円の相続税が節税になることもあります。

　相続税が非課税となる仏壇やお墓の価格に特段の制限はありません。ただし，何千万円もする純金の仏壇等，非常に豪華過ぎたり換金性があり投資の対象とみなされると課税対象となることがあります。

　ただし，仏壇やお墓をローンで購入し，返済中に亡くなった場合相続税の計算の上で債務控除できないので生前に支払を済ませるのがよいでしょう。

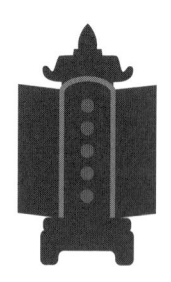

第2章

預金・有価証券

2-1 現金・預貯金

　預貯金は銀行等への預入である**預金**と，郵便局への預入である**貯金**とがあります。預金の中には普通預金と定期預金があり，貯金の中には通常貯金と定期郵便貯金があります。

　利子が安く流動性と利便性が良い普通預金・通常貯金と，利子が高く貯蓄性に富んでいる定期預金・定期郵便貯金の財産評価は計算方法に違いがあります。

▌普通預金・通常貯金

　普通預金（銀行等）や通常貯金（郵便局）は，原則として相続開始日（被相続人の死亡日）の預入残高がそのまま相続財産になります。

　通帳記載の残高が必ずしも現在の残高とはかぎりませんので注意が必要です。正確な相続開始日の預入残高を知るためには「残高証明書」の発行を金融機関ごとに依頼します。＊

　　＊金融機関に「残高証明書」の発行を依頼すると，その金融機関にある被相続人名義の口座はすべて凍結されます。口座が凍結されると預貯金の引き出し，公共料金やカード等の口座引き落とし，入金や振込もできなくなります。凍結解除の方法については後述します。

▌定期預金・定期郵便貯金

　定期預金（銀行等）や定期郵便貯金（郵便局）は，貯蓄性が高く利子も高いので相続開始日の残高に既経過利息（仮に相続開始日に解約した場合の税引後の利子相当額）を加算します。

　既経過利息とは前の利息支払日から日割計算で利子の計算をし，税額（源泉所得税等 20.315％）を差し引いて計算します。

　正確な計算のためには，金融機関に「既経過利息の計算も含めた残高証

明書」の発行を依頼しましょう。

外貨

外貨も相続税の対象となります。外貨の評価方法は，相続開始日における納税者の取引金融機関が公表する対顧客直物電信買相場（TTB）により円貨に換算して評価します。

◉ 凍結解除に必要な書類

凍結解除のために必要な書類は以下の5点です。
① 相続届（複数店で取引していた場合には，それぞれの取引店の分が必要になる。）
② 亡くなられた方の戸籍謄本（出生～死亡までのもの）
③ 相続人の戸籍謄本
④ 相続人の印鑑証明書（発行後6ヵ月以内のもの）
⑤ 亡くなられた方の通帳・キャッシュカード・証書・貸金庫の鍵など

その他必要書類は金融機関ごとに違います。ご利用の金融機関にお問い合わせ下さい。

■ 銀行口座の凍結 ■

2-2 名義預金

　名義預金とは，形式上は家族名義の預金であっても実質的に収入や資産状況を鑑みれば被相続人が家族の名義を借りて預金している被相続人の預金のことです。

　被相続人が生前に自分の財産を家族名義の預金にしていた場合，その預金は名義人の家族のものではなく被相続人のものとなり相続財産に含まれます。

　名義が被相続人ではないからと相続税の申告を怠ると，延滞税・過少申告加算税・重加算税などのペナルティの対象となります。さらに悪質だと判断されると，罰金や懲役刑などの刑罰に問われることもあります。

　仮に「贈与である」との主張をした場合には，贈与税の申告の有無や贈与契約の成立の是非なども詳細に調査されることがあります。

　したがって名義預金では，受贈者（預金の名義人）の受贈の意思表示はなく，贈与契約は不成立と考えられます。また，民法上の贈与が成立しない以上，税務上の時効もないため，時効の抗弁も主張できないことになります。

　名義預金とみなされないためには，きちんとした生前贈与対策が必要となります。

名義預金の判断基準のポイント

　名義預金に当たるかの判断基準として下記のポイントがあげられます。
　①家族構成，家族の年齢，職業，年収および資産状況
　②通帳・印鑑，カード等の保管状況
　③利息等の受取方法

④金融機関に対する満期等のお知らせの不通知処理の有無
⑤通帳に使用されている印鑑の状況(印鑑の数,利用頻度等)
⑥各預金の資金源泉の追跡(元始資金の発生状況)

名義預金と判断されやすいもの

下記のものは名義預金と判断される可能性が高いものです。
①嫁いだ娘の旧姓のままの預貯金
②遠方に居住している子名義で親の取引銀行等に預入している預貯金
③銀行等への届出印が親と同一の預貯金
④満期の預替え等の手続の署名を親が行っている預貯金
⑤名義人が普段使っている預貯金と異なる届出印で預入だけが行われている預貯金

2-3 上場株式の評価

株券などの有価証券も相続税の対象となる財産です。

有価証券の評価方法は種類ごとに細かく定められています。

有価証券の中でも株式の評価方法は①上場株式，②気配相場のある株式，③取引相場のない株式（非上場株式）の3つに分けて考えます。

③取引相場のない株式（非上場株式）の評価方法は別の項で説明しますので，この項では①上場株式と②気配相場のある株式について説明します。

上場株式の評価

上場株式は証券取引所で毎日取引され，その株価も新聞やインターネットなどですぐに確認できます。換金性が高く，株価が財産額であるともいえます。

相続税における上場株式の評価は次に上げる4つのうち最も低い額で評価します。

■ 上場株式の最終価格判定方法 ■

①相続が開始した日の**最終価格**	いずれか最も低い金額で評価
②相続が開始した月の**最終価格の平均額**	
③相続開始の前月の**最終価格の平均額**	
④相続開始前々月の**最終価格の平均額**	

＊相続発生日に取引がなかった場合には，相続発生日の前後で最も近い日の最終価格になります。

例 ▶ 土曜日に亡くなった場合は，前日である金曜日の最終価格。
　　▶ 日曜日に亡くなった場合は，翌日である月曜日の最終価格。

▶ 土曜日から月曜日までの3連休中の日曜日に亡くなった場合は，金曜日の最終価格と休み明けの火曜日の最終価格の平均値。

気配相場等のある株式の評価

気配相場等のある株式はさらに①登録銘柄・店頭管理銘柄，②公開途上にある株式，③国税局長の指定する株式の3つに分かれます。

気配相場等のある株式は次のように評価されます。

気配相場等のある株式の価格算定方法

①登録銘柄・店頭管理銘柄 *1	上場株式と同じ方法で評価	
②公開途上にある株式	公開価格で評価	
③国税局長の指定する株式	A：取引価格と類似業種比準価額*2の平均	A・Bのうち低い方の金額で評価
	B：課税時期の取引価格	

*1 登録銘柄・店頭管理銘柄とは店頭公開株のことです。
*2 類似業種比準価額は国税庁のホームページで確認できます。

2-4 公社債の評価

　国債・社債等の公社債とは，国や地方公共団体や事業会社等が資金調達のため発行する有価証券で一種の借入証書です。公社債は銘柄ごとに券面額100円当たりの単位で評価します。

　公社債には①利付公社債，②割引発行の公社債，③元利金等償還が行われる公社債，④転換社債型新株予約権付社債等があり，それぞれに評価方法が分かれます。

　原則として「もし仮に相続発生日（亡くなった日）に保有する公社債を解約すれば手元にいくら入ってくるかという額」を基準に相続税の評価額を求めます。

　ここでは①利付公社債と②割引発行の公社債と個人向け国債の計算方法を説明します。

▍利付公社債

　利付公社債とは，券面に利札の付いている公社債の債券（有価証券）をいいます。利払日（年間の一定の期日）にその利札を切り取って利払いが行われます。

■ 利付公社債の評価 ■

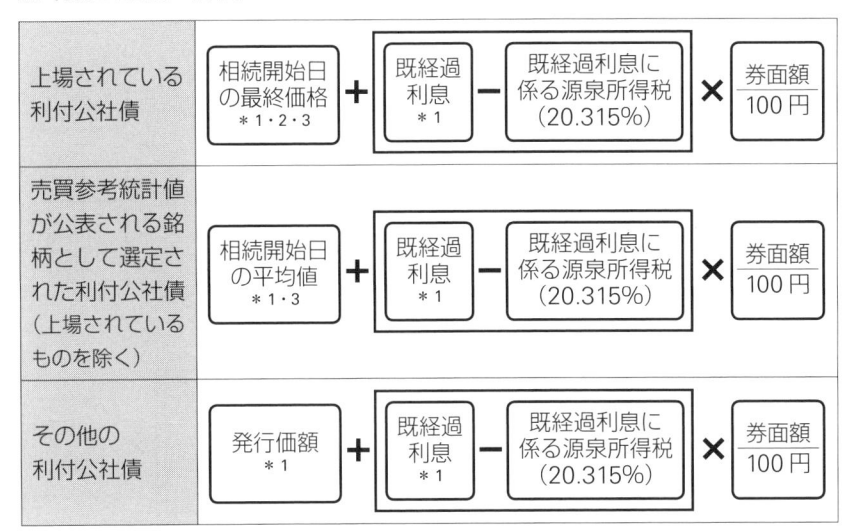

上場されている利付公社債	相続開始日の最終価格 *1・2・3	＋ 既経過利息 *1	－ 既経過利息に係る源泉所得税 (20.315%)	× 券面額 100円
売買参考統計値が公表される銘柄として選定された利付公社債（上場されているものを除く）	相続開始日の平均値 *1・3	＋ 既経過利息 *1	－ 既経過利息に係る源泉所得税 (20.315%)	× 券面額 100円
その他の利付公社債	発行価額 *1	＋ 既経過利息 *1	－ 既経過利息に係る源泉所得税 (20.315%)	× 券面額 100円

*1 上記算式中の「最終価格」「平均値」「発行価額」「既経過利息」は券面額100円当たりの額です。
*2 上記算式中の「最終価格」は，売買参考統計値が公表される銘柄として選定されたものである場合には最終価格と平均値とのいずれか低い方の金額となります。
*3 相続発生が休日等で取引がない場合は，前日までの一番近い日の「最終価格」「平均値」となります。

割引発行の公社債

　割引発行の公社債とは，券面額（満期時の償還金額）を下回る価額で発行され，満期時には券面額で償還金額を受け取れるものです。この券面額と発行価額との差額である償還差益が利子相当部分となります。

個人向け国債

　個人向け国債とは，個人のみが保有できる国債をいい，10年満期が基本となります。発行から一定の期間（原則1年）が経過すればいつでも中途換金可能で，相続が発生した場合は1年未満であっても中途換金調整額控除後の金額にて中途換金が可能です。
　個人向け国債の評価は「相続開始日において中途換金した場合に取扱機関から支払を受けることができる価額」により評価します。

■ **割引発行の公社債の評価** ■

上場されている割引発行の公社債	相続開始日の最終価格 *1・2・3	×	券面額 100円		
売買参考統計値が公表される銘柄として選定された割引発行の公社債(上場されているものを除く)	相続開始日の平均値 *1・3	×	券面額 100円		
その他の割引発行の公社債	発行価額*1 +(券面額-発行価額)	×	発行日から相続開始までの日数 / 発行日から償還期限までの日数	×	券面額 100円

* 1　上記算式中の「最終価格」「平均値」「発行価額」は券面額100円当たりの額です。
* 2　上記算式中の「最終価格」は，売買参考統計値が公表される銘柄として選定されたものである場合には**最終価格**と**平均値**とのいずれか低い方の金額となります。
* 3　相続発生が休日等で取引がない場合は，前日までの一番近い日の「最終価格」「平均値」となります。

■ **個人向け国債の評価** ■

個人向け国債の評価額 ＝ 額面金額 ＋ 経過利子相当額 － 中途換金調整額*

＊中途換金調整額は銀行等の取扱機関に問い合わせるかインターネット等で調べることができます。

　また，下記のような財務省の「個人向け国債シミュレーション」のホームページで個人向け国債の評価額を簡単に調べることができます。

■ 国債の中途換金シミュレーション ■

個人向け国債

中途換金シミュレーション

シミュレーション結果

銘　柄：変動10年　第 009 回債
中途換金実施日：H27.01.05

(A) 中途換金する額面金額　　1,000,000円
(B) 経過利子相当額　　245円
(C) 中途換金調整額　　438円
(D) 中途換金時の受取金額 = (A) + (B) − (C)　　999,807円

（ご参考）
(E) 前回までの受取利子累計

税引前	税引後
49,700円	39,768円

(F) 受取金額合計 = (D) + (E)

税引前	税引後
1,049,507円	1,039,575円

経過利子相当額の算出式

中途換金する額面金額	適用利率	経過日数/年日数	金額
1,000,000 ×	0.05 % ×	179/365 =	245円

中途換金調整額の算出式

中途換金する額面金額	適用利率	計算期間	金額
1,000,000 ×	0.06 % ×	1/2 =	① 300円
1,000,000 ×	0.05 % ×	1/2 =	② 250円

① × 0.79685 + ② × 0.79685 = 438円

> 個人向け国債の「銘柄」「中途換金実施日」「中途換金する額面金額」を入力し，シミュレーションを実行するとこのような画面が自動計算されます。

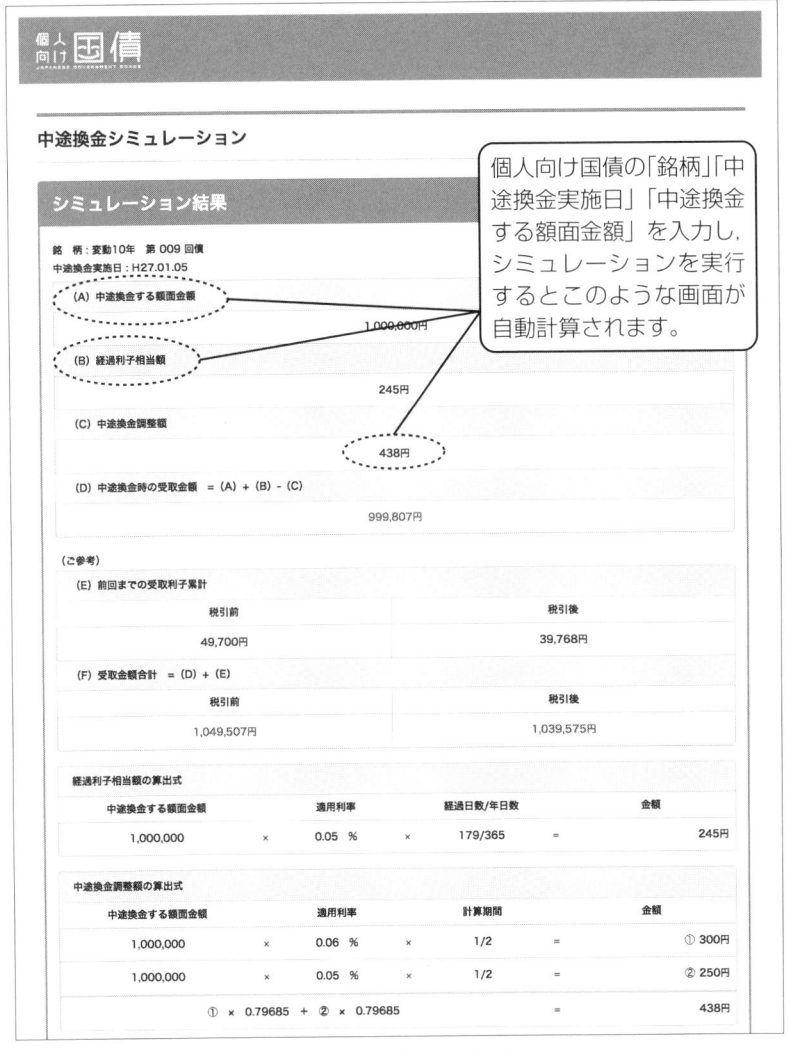

参照 URL　https://www.mof.go.jp/jgbs/individual/kojinmuke/simn/

　最後に，公社債には上記以外にも「元利金等償還が行われる公社債」や「転換社債型新株予約権付社債」等もありますが，詳しい評価方法は取扱機関や専門家までお問い合わせください。

2-5 非上場株式の評価

　取引相場のない株式（オーナー会社や同族会社＊のような非上場会社の株式）も財産の一部として相続税の対象となります。しかし，上場株式と違い一般的な取引相場がなく換金性がありません。非上場株式の評価は上場株式の評価とは大きく違います。

　　＊同族会社とは，会社の株主等の3人以下およびこれと政令で定める特殊の関係のある個人および法人（同族関係者）がもつ株式の総数または出資の金額の合計額がその会社の発行済株式の総数または出資金額の50パーセント以上を占めるものです。

　そもそも非上場株式を所有する意義は①会社支配権と②配当期待権に分かれます。

　会社支配権とは，経営者等が持株数でその会社の筆頭株主となることで支配力を及ぼし経営を安定させることです。会社経営では何より大事なことです。

　配当期待権とは，配当金交付の基準日の翌日から配当金交付の効力が発生する日までの間における配当金を受けることができる権利のことをいいます。同族以外の従業員や役員などで少数の株式を所有するメリットといえば配当を受けることのみです。

　このように非上場株式を所有する意義が大きく違う以上その評価方法も分けて考えます。

　つまり相続等で非上場株式を取得した株主がその非上場会社の経営支配力をもっている同族株主なら「原則的評価方法」で，それ以外の株主ならば「特例的評価方法」の「配当還元方式」で評価します。

■ 同族株主の判定 ■

会社区分	株主の態様による区分					評価方式
会社区分	株主区分					評価方式
同族株主のいる会社	同族会社	取得後の議決権割合 5%以上				原則的評価方式（類似業種比準方式）
同族株主のいる会社	同族会社	取得後の議決権割合 5%未満	中心的な株主がいない場合			原則的評価方式（類似業種比準方式）
同族株主のいる会社	同族会社	取得後の議決権割合 5%未満	中心的な株主がいる場合	中心的な同族株主 || 原則的評価方式（類似業種比準方式）
同族株主のいる会社	同族会社	取得後の議決権割合 5%未満	中心的な株主がいる場合	役員 || 原則的評価方式（類似業種比準方式）
同族株主のいる会社	同族会社	取得後の議決権割合 5%未満	中心的な株主がいる場合	その他 || 特例的評価方式（配当還元方式）
同族株主のいる会社	同族株主以外の株主					特例的評価方式（配当還元方式）
同族株主のいない会社	議決権割合の合計が15%以上のグループに属する株主	取得後の議決権割合 5%以上				原則的評価方式（類似業種比準方式）
同族株主のいない会社	議決権割合の合計が15%以上のグループに属する株主	取得後の議決権割合 5%未満	中心的な株主がいない場合			原則的評価方式（類似業種比準方式）
同族株主のいない会社	議決権割合の合計が15%以上のグループに属する株主	取得後の議決権割合 5%未満	中心的な株主がいる場合	役員 || 原則的評価方式（類似業種比準方式）
同族株主のいない会社	議決権割合の合計が15%以上のグループに属する株主	取得後の議決権割合 5%未満	中心的な株主がいる場合	その他 || 特例的評価方式（配当還元方式）
同族株主のいない会社	議決権割合の合計が15%未満のグループに属する株主					特例的評価方式（配当還元方式）

原則的評価方法（類似業種比準方式）とは

　原則的評価方法（類似業種比準方式）は会社の規模（業種，従業員数，直前期末の純資産・売上高）で大会社・中会社・小会社に分類して計算します。

■ 会社規模の判定 ■

従業員100人以上							大会社

従業員100人未満							下記により判定	
総資産額			従業員数	年間の取引金額			会社の規模	
卸売業	小売・サービス業	その他		卸売業	小売・サービス業	その他		
20億円以上	20億円以上	20億円以上	50人超	80億円以上	20億円以上	20億円以上	大会社	
14億円以上	7億円以上	7億円以上	50人超	50億円以上	12億円以上	14億円以上	中会社	大
7億円以上	4億円以上	4億円以上	30人超	25億円以上	6億円以上	7億円以上	中会社	中
7,000万円以上	4,000万円以上	5,000万円以上	50人超	2億円以上	6,000万円以上	8,000万円以上	中会社	小
7,000万円以上	4,000万円以上	5,000万円以上	50人超	2億円以上	6,000万円以上	8,000万円以上	小会社	

■ 非上場株式等の評価 ■

株主の態様	会社区分		評価方法	評価方式	
支配株主（同族株主等）	大会社		原則的評価方法	類似業種比準価額 ×1.0	純資産価額とのいずれか少ない金額
	中会社	大		類似業種比準価額 ×0.90 ＋純資産価額* ×0.10	
		中		類似業種比準価額 ×0.75 ＋純資産価額* ×0.25	
		小		類似業種比準価額 ×0.60 ＋純資産価額* ×0.40	
	小会社			類似業種比準価額 ×0.50 ＋純資産価額* ×0.50	
少数株主（同族株主以外）			特例的評価方法	配当還元方式	

＊議決権割合50％以下の同族株主グループに属する株主についての純資産価額はその80％で評価する。

◉類似業種比準価額の計算

類似業種比準方式では、国税庁が公表する類似業種の株価をもとに評価する会社の一株当たりの①配当金額、②利益金額、③簿価純資産価額の3つの要素に基づいて調整して評価額を計算します。

■ 類似業種比準価額の計算式 ■

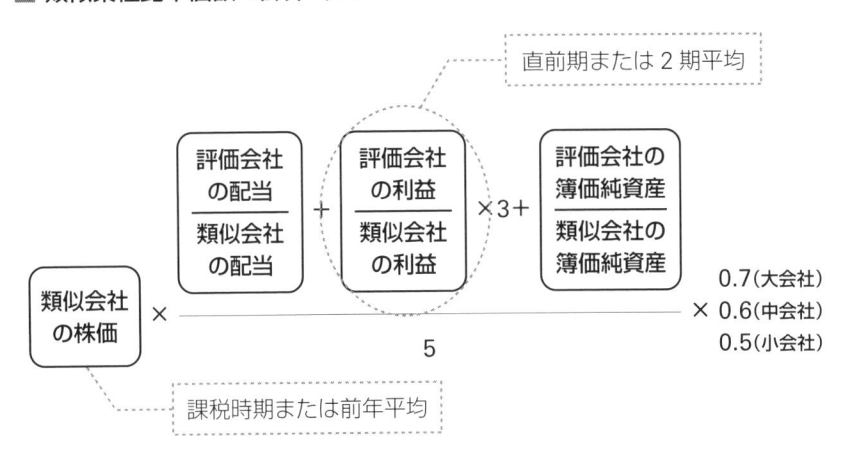

$$類似会社の株価 \times \frac{\dfrac{評価会社の配当}{類似会社の配当} + \dfrac{評価会社の利益}{類似会社の利益} \times 3 + \dfrac{評価会社の簿価純資産}{類似会社の簿価純資産}}{5} \times \begin{matrix} 0.7(大会社) \\ 0.6(中会社) \\ 0.5(小会社) \end{matrix}$$

- 類似会社の株価：課税時期または前年平均
- 評価会社の利益：直前期または2期平均

■ 純資産価額の計算式 ■

$$一株当たりの純資産価額 = \frac{(A-B) - \{(A-B) - (C-D)\} \times 40\%}{E}$$

A：課税時期現在の相続税評価額による総資産価額
B：課税時期現在の負債額（各種引当金、準備金を除く）
C：課税時期現在の帳簿価額による総資産価額
D：課税時期現在の帳簿価額による負債額（各種引当金、準備金を除く）
E：課税時期現在の発行済株式数

▌非上場株式の評価　小会社の場合

例　友人Yと資本金を50％ずつ出資（議決権数は，被相続人甲50個，友人Y50個）してB株式会社を営んでいた被相続人甲は，平成27年6月22日に死亡した。被相続人甲が所有していた同社株式については，甲の遺言に基づいて，友人Yが5,000株（議決権数の5個），甲の長男丙が45,000株（議決権数45個）取得した。

なお，B株式会社の株式は，すべて普通株式である。

①取得相場のない株式（小会社）
②1株当たりの類似業種比準価額　　　　　2,850円　❶
③1株当たりの純資産価額（相続税評価額）　5,400円　❷
④1株当たりの配当還元価額　　　　　　　　250円　❸

〈評価方式の判定〉

$$友人Y：\frac{50個＋5個}{50個＋50個}＝55％＞50％≧25％$$

よって友人Yは，同族株主であり，かつ，中心的な同族株主であるため，原則的評価方法を用いる。

$$長男丙：\frac{45個}{100個}＝45％≦50％$$

よって長男丙は，同族株主以外の株主であるため，特例的評価方法を用いる。

〈評価額〉

友人Y：5,400円❷＞(2,850円❶×0.50＋5,400円❷×0.50)＝4,125円
よって4,125円を適用し

$$∴4,125円×5,000株＝20,625,000円$$

長男丙：5,400円❷×80／100＝4,320円　4

2,850円❶×0.50＋5,400円❷×80／100×0.50＝3,585円 ⑤

④＞⑤

250円❸＞④ または ⑤

よって250円❸を適用し

∴250円×45,000株＝11,250,000円

非上場株式の評価　大会社の場合

例　A株式会社の筆頭株主（議決権総数の65％）である被相続人甲は，平成27年8月2日に死亡した。A社株式（普通株式）は，被相続人甲の作成した遺言書に基づいて，配偶者乙が120,000株（議決権総数の60％），友人Xが10,000株（議決権総数の5％）取得した。

①取得相場のない株式（大会社）
②1株当たりの類似業種比準価額　　　　　　　1,980円　❶
③1株当たりの純資産価額（相続税評価額）　　2,200円　❷
④1株当たりの配当還元価額　　　　　　　　　　500円　❸

〈評価額〉

配偶者乙：1,980円❶＜2,200円❷

よって1,980円❶を適用し

∴1,980円×120,000株＝237,600,000円

友人X：500円❸＜2,200円❷

よって500円❸を適用し

∴500円×10,000株＝5,000,000円

特例的評価方式（配当還元方式）

少数株主（同族株主以外の株主および同族株主のうち少数株式所有者）が取得した非上場株式の評価は会社規模にかかわらず配当還元方式で評価します。

配当還元方式とは，過去2年間の配当金額を一定の利率（10％）で還元して元本である株式の価額を評価する方法です。

■ 配当還元価額の計算式 ■

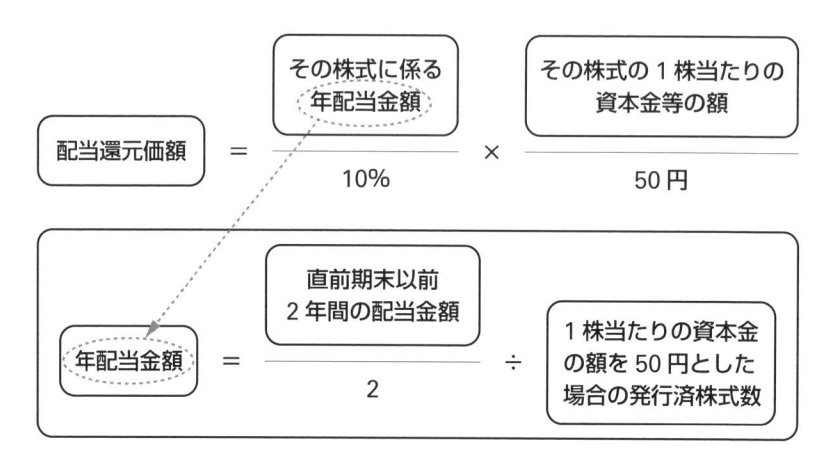

$$配当還元価額 = \frac{その株式に係る年配当金額}{10\%} \times \frac{その株式の1株当たりの資本金等の額}{50円}$$

$$年配当金額 = \frac{直前期末以前2年間の配当金額}{2} \div 1株当たりの資本金の額を50円とした場合の発行済株式数$$

※年配当金額が2円50銭未満となる場合，または無配の場合は2円50銭とします。

このように株式の評価は非常に複雑であることから専門家への相談をおすすめします。

2-6 事業承継税制（1）
相続税

　通常，中小企業の経営者の多くは経営者自身が経営会社の大株主となり，非上場株式（自社株）の多くを保有しています。この非上場株式も相続税の対象となり，場合によればその額がかなり高額となることもあります。

　そこで相続や事業承継により中小企業の後継者が過大な税負担を受け，企業自体が事業縮小や倒産してしまうことを防止する目的で，平成21年より事業承継税制である非上場株式等の納税猶予の適用が始まりました。

　この制度では，**後継者が保有する株式数**（相続等で取得した株式と相続以前に取得した株式を合わせたもの）のうち**会社の発行済議決権株式総数の3分の2までの株式数**が猶予の対象となります。

　平成27年1月1日施行の税制改正で下記の点等が改正され事業承継税制がより使いやすくなりました。

　この制度を利用すれば，相続等により後継者である相続人等（経営承継相続人）が先代経営者である被相続人から，経済産業大臣の認定を受ける非上場会社の株式等を取得し，その会社を経営していく場合にはその経営承継相続人等が納付すべき相続税のうち，その非上場株式等（一定の部分に限る）に係る**課税価格の80％に対応する相続税の納税が猶予**されます。

■ 事業承継税制の主な改正点 ■

①事前確認の廃止〜手続の簡略化
　▶制度利用前に経済産業大臣の「事前確認」が不要に
②親族外承継の対象化〜親族に限らず適任者を後継者に
　▶親族以外の後継者を対象に
③雇用8割維持要件の緩和〜毎年の景気変動に配慮
　▶雇用の8割以上を「5年間毎年維持」から「5年間平均」に
④納税猶予打ち切りリスクの緩和〜利子税負担を軽減，事業の再出発に配慮
　▶利子税率の引下げ（2.1%➡0.9%）
　▶承継5年超で，5年間の利子税を免除
　▶民事再生，会社更生，中小企業再生支援協議会での事業再生の際にも，納税猶予額を再計算し，一部免除
⑤役員退任要件の緩和〜現経営者の信用力を活用
　▶贈与時の役員退任要件を代表者退任要件に

※③〜⑤に関しては，すでに事業承継税制を利用されている方も適用可能です。

　この制度で猶予される相続税額は，経営承継相続人等が死亡した場合などは，その全部または一部が**免除**されます。なお，免除されるときまでにこの特例の適用を受けた非上場株式等を譲渡するなど一定の場合には，猶予されている「非上場株式等納税猶予税額」の全部または一部と利子税をあわせて納付する必要があります。

　この特例の適用を受けるには「要件」と「手続」が必要になります。

納税猶予の要件

納税猶予を受けることができる会社の主な要件をまとめると以下のとおりです。

■ 事業承継税制における納税猶予の適用要件 ■

要件	内容（平成27年1月1日施行改正論点を反映）
会社の主な要件	①中小企業者であること ②上場会社でないこと ③資産管理会社（資産保有型会社〈有価証券，現預金の合計額が総資産の70％以上を占める会社〉，資産運用会社〈これらの運用収入の合計額が総収入金額の75％以上を占める会社〉），風俗営業会社でないこと ④従業員が1人以上であること
先代経営者（被相続人）の主な要件	①会社の代表者であったこと ②相続開始直前において，先代経営者と先代経営者の親族などとで総議決権数の過半数を保有し，かつこれらの者の中で筆頭株主であったこと
後継者（相続人）の主な要件	①相続開始直前において役員であり，相続開始から5ヵ月後に代表者であること。 ②相続開始時において，後継者と後継者の親族などとで総議決権数の過半数を保有し，かつこれらの者の中で筆頭株主であること。

■ 中小企業者 ■

業種目	資本金 又は	従業員数
製造業その他	3億円以下	300人以下
製造業のうちゴム製品製造業 （自動車または航空機用タイヤおよびチューブ製造業並びに工業用ベルト製造業を除く）	3億円以下	900人以下
卸売業	1億円以下	100人以下
小売業	5,000万円以下	50人以下
サービス業	5,000万円以下	100人以下
サービス業のうちソフトウェア業または情報処理サービス業	3億円以下	300人以下
サービス業のうち旅館業	5,000万円以下	200人以下

■ 事業承継税制における納税猶予の継続要件 ■

	主な要件（相続税・贈与税共通）	満たせなかった場合
申告期限後 5 年間	後継者が会社の代表者であること	全額納付
	雇用の 8 割以上を 5 年間平均して維持していること	
	後継者が筆頭株主であること	
	上場会社，風俗営業会社に該当しないこと	
	猶予対象株式を継続保有していること	
	資産管理会社に該当しないこと	
5 年経過後	猶予対象株式を継続保有していること	譲渡した株式の割合分だけ納付
5 年経過後	資産管理会社に該当しないこと	全額納付

■ 事業承継税制における納税猶予の免除要件 ■

猶予税額が免除される場合		免除額
後継者が死亡した場合		全額
申告期限 5 年経過後	会社が破産・特別清算した場合	直前 5 事業年度の配当・過大役員給与を超える猶予税額
	親族以外の者に納税猶予を受けた会社の株式の全部を譲渡した場合	譲渡対価を超える猶予税額
	次の後継者に猶予対象株式を生前贈与して贈与税の納税猶予を受ける場合	贈与税の納税猶予対象分
	民事再生，会社更生，中小企業再生支援協議会での事業再生の場合	納税猶予額を再計算し，一部免除

納税猶予の手続

納税猶予の手続は以下のとおりです。

■ 相続税の納税猶予についての手続 ■

提出先			内容
経済産業局		認定	・相続開始後8ヵ月目までに，確認書を添付して申請 ・審査後，認定書が交付される
税務署		税務署へ納税申告	・認定書の写しとともに，相続税の申告書等を提出 ・納税猶予税額および利子税の額に見合う担保を提供＊
納税猶予の開始			
税務署	経済産業局	申告期限後5年間	・経済産業局へ「年次報告書」を提出（年1回） ・税務署へ「継続届出書」を提出（年1回）
	―	5年経過後	・税務署へ「継続届出書」を提出（3年に1回）

＊特例を受ける非上場株式のすべてを担保にすれば，納税猶予税額および利子税の額に見合う担保提供があったものとみなされます。（株券不発行会社でも適用可）

納税猶予額の計算方法

納税猶予額の計算方法は以下のとおりです。

■ 相続税の場合 ■

ステップ1　**課税価額の合計額**に基づき後継者の相続税を計算します。

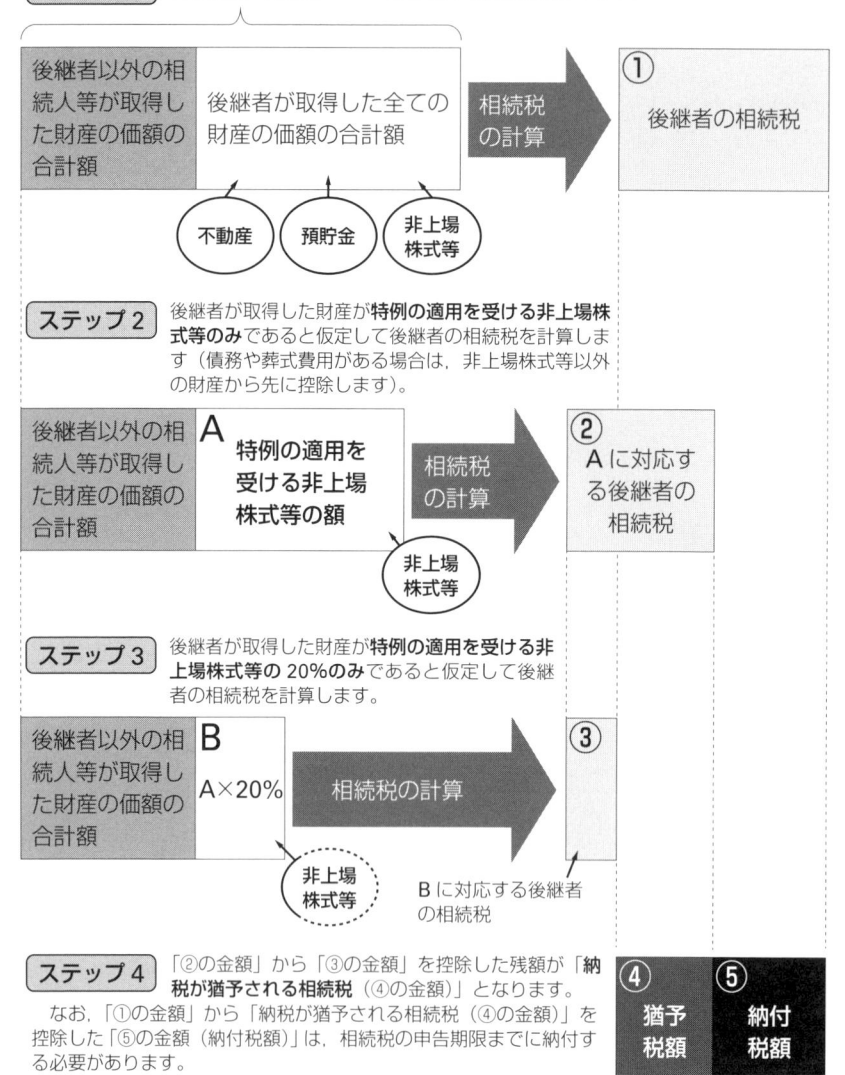

| 後継者以外の相続人等が取得した財産の価額の合計額 | 後継者が取得した全ての財産の価額の合計額 | → 相続税の計算 | ① 後継者の相続税 |

（不動産／預貯金／非上場株式等）

ステップ2　後継者が取得した財産が**特例の適用を受ける非上場株式等のみ**であると仮定して後継者の相続税を計算します（債務や葬式費用がある場合は、非上場株式等以外の財産から先に控除します）。

| 後継者以外の相続人等が取得した財産の価額の合計額 | A　特例の適用を受ける非上場株式等の額 | → 相続税の計算 | ② Aに対応する後継者の相続税 |

（非上場株式等）

ステップ3　後継者が取得した財産が**特例の適用を受ける非上場株式等の20%のみ**であると仮定して後継者の相続税を計算します。

| 後継者以外の相続人等が取得した財産の価額の合計額 | B　A×20% | → 相続税の計算 | ③ |

（非上場株式等）
Bに対応する後継者の相続税

ステップ4　「②の金額」から「③の金額」を控除した残額が「**納税が猶予される相続税（④の金額）**」となります。
なお、「①の金額」から「納税が猶予される相続税（④の金額）」を控除した「⑤の金額（納付税額）」は、相続税の申告期限までに納付する必要があります。

④ 猶予税額　⑤ 納付税額

2-7 事業承継税制（2）
贈与税

　中小企業の先代経営者から後継者へと経営権移譲（経営者の代替わり）の際に，多額の非上場株式（自社株）を贈与することがあります。この社会的には換金性の低い非上場株式の贈与による贈与税が後継者や企業自体に過大な負担とならないように，相続税の納税猶予制度と同様に贈与税にも納税猶予制度があります。

　この制度では，後継者が保有する株式数（贈与された株式数とすでに保有していた株式を合わせたもの）のうち会社の発行済議決権株式総数の3分の2までの株式数が対象となり，非上場株式等に係る課税価格の全額に対応する贈与税の納税が猶予されます。

　相続のように偶発的事象によることなく自社株を後継者に贈与する時期を選択することもできます。後継者に経営権を譲り渡し早めに株式を贈与することで，後継者の自覚や責任感にも期待ができます。相続前の生前に非上場株式を贈与しておくことで，相続財産を減らし相続税の課税を抑えることもできます。

　この制度は「要件」を守り，事業を継続しているかぎりは猶予を受けることができます。

　しかし，事業の継続等の要件を5年間継続できなかった場合等は猶予が取り消され，納税猶予額全額と利子税をあわせて納付する必要があります。

　この特例の適用を受けるには「要件」と「手続」が必要になります。

納税猶予の要件

　納税猶予の要件は以下のとおりです。

■ **事業承継税制における贈与税の納税猶予の適用要件** ■

要件	内容（平成 27 年 1 月 1 日施行改正論点を反映）
会社の主な要件	⑤中小企業者であること ⑥上場会社でないこと ⑦資産管理会社（資産保有型会社〈有価証券，現預金の合計額が総資産の 70％以上を占める会社〉，資産運用会社〈これらの運用収入の合計額が総収入金額の 75％以上を占める会社〉），風俗営業会社でないこと ⑧従業員が 1 人以上であること
先代経営者（贈与者）の主な要件	③会社の代表者であったこと ④贈与のときまでに会社の代表者を退任すること ⑤贈与直前において，先代経営者と先代経営者の親族などとで総議決権数の過半数を保有し，かつ後継者を除いたこれらの者の中で筆頭株主であったこと
後継者（相続人）の主な要件	贈与時において ③会社の代表者であること ④20 歳以上であること ⑤役員就任から 3 年以上経過していること ⑥後継者と後継者の親族などとで総議決権数の過半数を保有し，かつこれらの者の中で筆頭株主であること。

■ **事業承継税制における贈与の納税猶予の継続要件** ■

	主な要件（相続税・贈与税共通）	満たせなかった場合
申告期限後 5 年間	後継者が会社の代表者であること	全額納付
	雇用の 8 割以上を 5 年間平均して維持していること	
	後継者が筆頭株主であること	
	上場会社，風俗営業会社に該当しないこと	
	猶予対象株式を継続保有していること	
	資産管理会社に該当しないこと	
5 年経過後	猶予対象株式を継続保有していること	譲渡した株式の割合分だけ納付
	資産管理会社に該当しないこと	全額納付

■ 事業承継税制における納税猶予の免除要件 ■

猶予税額が免除される場合		免除額
先代経営者が死亡した場合		全額
後継者が死亡した場合		
申告期限後5年経過後	会社が破産・特別清算した場合	直前5事業年度の配当・過大役員給与を超える猶予税額
	親族以外の者に納税猶予を受けた会社の株式の全部を譲渡した場合	譲渡対価を超える猶予税額
	民事再生，会社更生，中小企業再生支援協議会での事業再生の際	納税猶予額を再計算し，一部免除

納税猶予の手続

納税猶予の手続は以下のとおりです。

■ 贈与税の納税猶予についての手続 ■

提出先			内容
経済産業局		認定	・贈与の翌年1月15日までに，確認書を添付して申請。 ・審査後，認定書が交付される。
税務署		税務署へ納税申告	・認定書の写しとともに，贈与税の申告書等を提出。 ・納税猶予税額および利子税の額に見合う担保を提供。＊
納税猶予の開始			
税務署	経済産業局	申告期限後5年間	・経済産業局へ「年次報告書」を提出（年1回）。 ・税務署へ「継続届出書」を提出（年1回）。
	—	5年経過後	・税務署へ「継続届出書」を提出（3年に1回）。

＊特例を受ける非上場株式のすべてを担保にすれば，納税猶予税額および利子税の額に見合う担保提供があったものとみなされます（株券不発行会社でも適用可）。

納税猶予額の計算方法（贈与税の場合）

ステップ1　贈与を受けた全ての財産の価額の合計額に基づき贈与税を計算します。

ステップ2　贈与を受けた財産が特例の適用を受ける非上場株式等のみであると仮定して贈与税を計算します。この金額が，「**納税が猶予される贈与税**」となります。

なお，「ステップ1」で計算した税額から「ステップ2」で計算した「納税が猶予される贈与税」を控除した金額は，贈与税の申告期限までに納付する必要があります。

事業継承税制も株の評価と同じく非常に難解であり，専門家でも詳細に理解するには相当の時間を要します。

2-8 生命保険金の評価

　相続税の課税対象となるのは，被相続人（亡くなった人）の相続財産のほかみなし相続財産も含まれます。

　相続財産とは，相続開始時に被相続人が所有していた土地，建物，現金，預貯金，有価証券等の一切の財産をいいます。

　みなし相続財産とは，相続開始時には被相続人が所有していなくても被相続人の死亡を原因として相続人が取得できる財産をいいます。

　このみなし相続財産は，相続財産ではないので遺産分割（3-5参照）の対象外ですが，相続税の課税対象として申告が必要です。

　みなし相続財産の代表が死亡保険金と死亡退職金です。

　死亡保険金は，生命保険会社から「被相続人の死亡を原因として給付を受ける」財産としてみなし相続財産にあたり，相続税の課税対象になります。

　相続税の課税対象とはいっても，死亡保険金には **500万円×法定相続人数の非課税枠**が設けられており，活用次第では相続税の節税にもつながります。

　例えば，法定相続人が妻と子供2人の合計3人であった場合，非課税枠は500万円×3＝1,500万円となります。この法定相続人中の1人だけを保険金の受取人と指定していても，非課税枠の計算では法定相続人の全人数が反映されます。

　死亡保険金以外にも「生命保険契約に関する権利」「定期金に関する権利」も「みなし相続財産」となります。

■ 相続税課税対象となるみなし相続財産 ■

種類	内容	非課税枠
生命保険金等	被相続人の死亡を原因として給付される生命保険金や損害保険金、共済金（被相続人が保険料を負担していたもの）	あり
死亡退職金等	被相続人が受け取るべきだった退職手当金等で、死亡後に遺族に支払われたもの	あり
生命保険契約に関する権利	被相続人が保険料を負担した生命保険契約で、相続時に保険事故がまだ発生していないもの	なし
定期金（年金）に関する権利	被相続人が掛金を負担した郵便年金契約等で、相続時に年金の給付事由がまだ発生していないもの	なし
定期金（年金）の受給権	被相続人が支給を受けていた郵便年金等で、契約に基づいて被相続人の死亡後に遺族に支給される一時金や年金	なし
退職年金の継続受給権	被相続人が支給を受けていた退職年金で、死亡後に遺族に支給されるもの	なし

　また、生命保険金に対する課税は被保険者（保険の対象になる人）が同じでも「契約者（保険料を支払う人）」と「受取人（保険金を受け取る人）」が変われば課税方法が変わってきます。

　つまり、死亡した人が同じでも「契約者」と「受取人」が変われば課税方法や税額が変わってきます。

第2章 預金・有価証券

■「契約者」「受取人」の違いによる課税関係 ■

契約者	被保険者	受取人	課税方法	最高負担税率	課税対象額
父	父	母	相続税	55%	保険金額 −（500万円 × 法定相続人数）
母	父	子	贈与税	55%	保険金額
子	父	子	所得税＋住民税（一時所得）	27.5%	（保険金額 − 払込保険料 − 50万円）÷ 2

※ 被保険者および被相続人が父であることが前提です。

■ 死亡保険金受取時の非課税枠 ■

契約者	被保険者	死亡保険金受取人	課税の種類	相続税の非課税枠
本人	本人	法定相続人	相続税	あり
本人	配偶者(子)	本人	所得税(一時所得)	―
本人	配偶者(子)	子(配偶者)	贈与税	―

非課税枠＝500万円 × 法定相続人の数

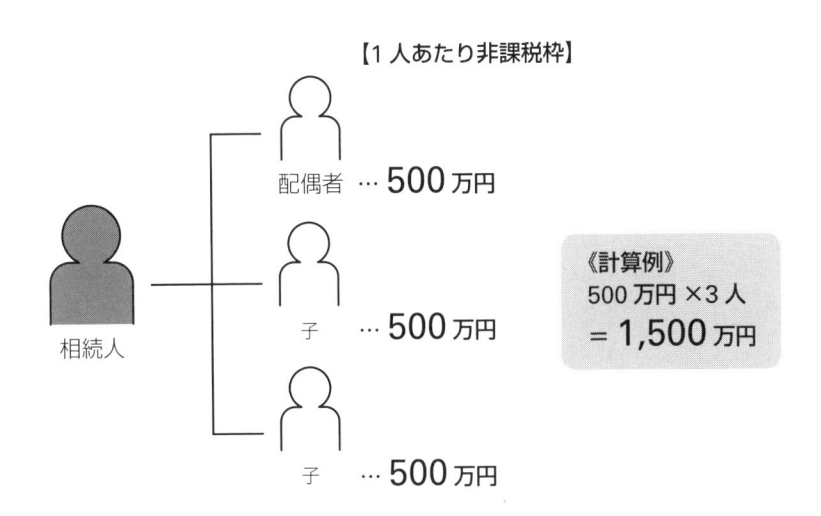

【1人あたり非課税枠】

配偶者 … 500万円

子 … 500万円

子 … 500万円

相続人

《計算例》
500万円 × 3人
＝ 1,500万円

2-9 退職手当金等の評価

死亡退職金

　死亡退職金も死亡保険金と同様に相続税の課税対象となります。

　死亡退職金が相続税の課税対象となるのは，被相続人の死亡後3年以内に支給が確定したものに限られます。3年経過後に支給されたものについては，相続人に対して一時所得として所得税が課税されます。

　死亡後3年以内に支給が確定するのは以下のケースです。

　①死亡による退職で，支給される金額が相続後3年以内に確定したとき。
　②生前に退職していて，支給される金額が相続後3年以内に確定したとき。

　死亡保険金と同じく死亡退職金にも500万円×法定相続人数の非課税枠（相続人が対象）があります。

弔慰金

　弔慰金とは，死者を弔い，遺族を慰めるために被相続人が生前に勤務していた会社から遺族に支払われる金銭をいいます。原則として，相続税・贈与税の課税対象外ですが，多額の弔慰金は相続税の課税対象となります。例えば，被相続人が会社を経営していた場合などに相続人へ多額の弔慰金が支払われ相続税の課税を免れようとすることがあります。これを防止するために一定額以上の弔慰金には相続税が課税されます。

　弔慰金の非課税枠の判定は業務上の死亡か非業務上の死亡かによって基準が変わります。

■ 弔慰金の非課税部分 ■

区分		弔慰金の非課税の範囲
弔慰金	業務上	賞与以外の普通給与＊（月額）×36ヵ月（3年分）
	非業務上	賞与以外の普通給与＊（月額）×6ヵ月（半年分）

＊普通給与とは，俸給，給料，賃金，扶養手当，勤務地手当，特殊勤務地手当などの合計額をいいます。

死亡退職金と弔慰金には，それぞれに非課税枠があります。

死亡退職金の税務上のメリット

- 遺族に支給される「死亡退職金」のうち，「500万円 × 法定相続人数」までは非課税です。（相続税法第12条第1項第6号）
- 個人加入している生命保険の死亡保険金も同様です。（相続税法第12条第1項第5号）

弔慰金の税務上のメリット

- 業務上の死亡の場合
  死亡時における賞与以外の報酬月額 × 36ヵ月分
- 業務外の死亡の場合
  死亡時における賞与以外の報酬月額 × 6ヵ月分

の範囲内であれば非課税です（相続税法基本通達3-20）。

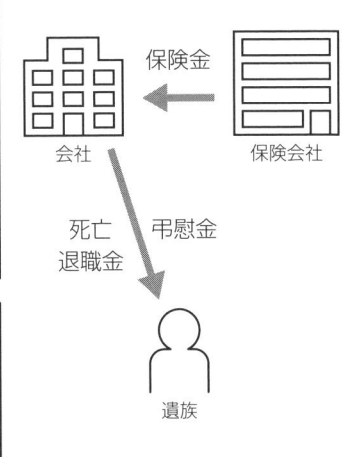

第3章

相続制度

3-1 法定相続人・法定相続分

　法定相続人とは，亡くなった人（被相続人）の財産を相続する権利があると法律上定められている人をいいます。
　民法の規定により法定相続人となる人の範囲，法定相続人の順位，法定相続分が決められています。

▎法定相続人

　民法の規定により法定相続人となるのは，①配偶者，②子等（直系卑属），③父母（直系尊属），④兄弟姉妹の関係にある人です。
　配偶者（法律上の夫または妻）は常に被相続人（亡くなった人）の法定相続人となり順位はありません。
　子ども等の直系卑属（子や孫）は第一順位の法定相続人となります。子どもには，胎児・養子・非嫡出子（婚姻外で生まれた子）も含まれます。子どもがすでに死亡している場合は代襲相続（孫が子の相続分を相続する）となります。
　被相続人の父母は第二順位の法定相続人となります。被相続人の兄弟姉妹は第三順位の法定相続人となり，一世代間のみ代襲相続が認められます。

▎法定相続分

　民法の規定により法定相続人の組み合わせにより法定相続分が決められています。
　法定相続人が複数存在する場合，順位が高いグループが優先され，その順位の法定相続人がいなければ次の順位へと移っていきます。配偶者は常に法定相続人となるので，配偶者と順位の高い優先されるグループで相続分を

第3章 相続制度

■ 法定相続人順位表 ■

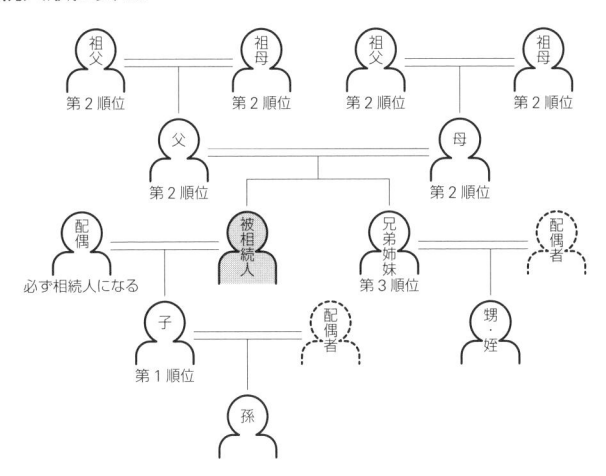

分けることになります。

その際，順位別に配偶者と優先順位グループの相続分割合が変わります。

同順位内に法定相続人が複数存在する場合，その順位の相続分を同順位内の法定相続人の人数で等分することになります。

■ 法定相続分　相続の割合 ■

	配偶者のみ	配偶者と子	配偶者と父母	配偶者と兄弟姉妹
配偶者	全部*	1/2	2/3	3/4
子（直系卑俗）第一順位		1/2		
父母（直系尊属）第二順位			1/3	
兄弟姉妹 第三順位				1/4

（表中の矢印注記：子がいなければ／父母もいなければ）

＊法定相続人が配偶者のみの場合，その配偶者が相続財産のすべてを相続することになります。
　また，法定相続人が子供のみ，父母のみ，兄弟姉妹のみの場合，その法定相続人がすべての相続財産を相続することになります。

79

■ 法定相続分のイメージ図 ■

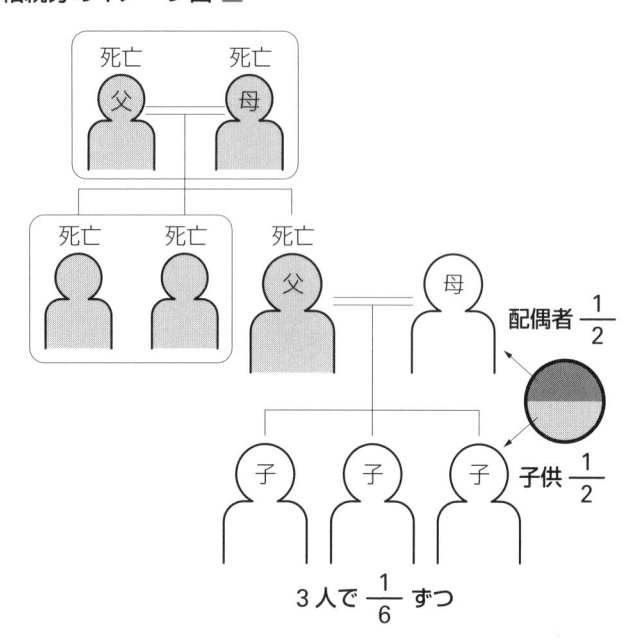

配偶者 $\frac{1}{2}$

子供 $\frac{1}{2}$

3人で $\frac{1}{6}$ ずつ

3-2 単純承認・限定承認・相続放棄

　本来，相続とは被相続人の財産の一切を受け継ぐことです。ここで注意が必要なのは，財産の中にはプラスの財産（不動産や預貯金など）もあれば，マイナスの財産（ローンや借金）もあるということです。相続により財産を受け継ぐと，プラスの財産が少なくローンや借金などの負債ばかりを抱え込むことも少なくありません。

　相続人にとって自分が作った借金ではないものを，相続により有無をいわさず承継しなければならないとすれば，かなり酷な事態になります。

　そこで，相続にあたって民法では①単純承認，②限定承認，③相続放棄の3つの選択肢を定めています。これらは相続人が相続により思いもよらない不利益を受けないよう配慮しているのです。

▍単純承認

　単純承認とは，被相続人の財産すべて（プラスの財産もマイナスの財産も）を承認して受け継ぐもので，最も一般的な相続の基本の形です。

▍限定承認

　限定承認とは，被相続人の財産のうちプラスの財産の範囲内でマイナスの財産も引き継ぐという条件付きの承認です。被相続人の財産すべてを調査し，プラス財産からマイナス財産を差し引き，プラスの財産が残っていればその余剰部分（プラス財産）だけを相続します。プラス財産よりマイナス財産が多い場合はその超過部分（マイナス財産）は相続しません。

　限定承認には相続開始を知ったときから3ヵ月以内に家庭裁判所での手続きが必要です。

さらに相続人全員が共同で限定承認の申請をしなければならないために手続きや評価の仕方も複雑になるため現実ではあまり用いられません。

相続放棄

相続放棄とは、単純承認とはまったく逆で被相続人の財産すべて（プラスの財産もマイナスの財産も）を放棄して相続しないという選択です。

相続放棄にも相続開始を知ったときから3ヵ月以内に家庭裁判所での手続きが必要です。しかし限定承認と違い、相続人それぞれが独立して申し立てることができます。

留意点として、相続財産を1円でも使えば単純承認したものとみなされ、その段階で相続放棄はできなくなります。相続放棄をすると、はじめから相続人ではなかったとみなされ代襲相続（親より先に亡くなった子どもの相続分も孫が相続する）もできなくなります。

■ 相続の選択肢　3類型の相違点 ■

	単純承認	限定承認	相続放棄
選択肢の内容	プラスの財産もマイナスの財産もすべてを相続する。	プラスの財産の範囲内でマイナス財産も相続する*1	プラスの財産もマイナスの財産もいっさい相続しない。
手続き	家庭裁判所での手続きは不要。	相続開始を知ったときから3ヵ月以内に家庭裁判所で手続きが必要。	相続開始を知ったときから3ヵ月以内に家庭裁判所で手続きが必要。
留意点	相続財産を1円でも使うと、単純承認とみなされる。*2	相続人全員共同で限定承認しなければならない。*3	相続人の各人が単独で選択できる。

*1　プラス財産を超える分のマイナス財産は相続しません。
*2　その段階で相続放棄はできません。
*3　各人で違う選択はできません。

3-3 遺言書

複数の相続人で相続財産を分ける場合，遺産分割が必要となります。
遺産分割の優先順位は下記のとおりです。
①指定分割（遺言書の指定通りに分割）
②協議分割（相続人全員の遺産分割協議で分割）
③法定分割（民法の法定相続分による分割）

■ 遺言書で指定できることの例 ■

身分上の事項	・子の認知 ・未成年者の後見人，後見監督人の指定
相続に関する事項	・相続分の指定（法定相続分（3-1参照）とは異なる割合の指定），および指定の委託 ・遺産分割方法の指定（誰に何を相続させるかの指定），および指定の委託 ・推定相続人の廃除，廃除の取消 ・遺産分割の一定期間（5年限度）の禁止 ・遺産分割された財産について相続人間の担保責任の指定 ・特別受益の持ち戻しの免除 ・遺贈の遺留分減殺方法の指定
遺産処分に関する事項	・遺贈（法定相続人以外への財産の譲渡） ・財団法人設立のための寄付行為 ・信託の指定
遺言執行に関する事項	・遺言執行者の指定，および指定の委託 ・遺言執行者の職務内容の指定
その他	・祭祀承継者の指定 ・生命保険受取人の指定，および変更 ・遺言の取消

したがって，被相続人（故人）の意思を尊重し遺言書の内容が優先されます。
　遺言書で指定すれば，法定相続分とは異なる指定や法定相続人以外への遺贈も可能です。
　ただし，遺留分を請求され（3-8参照）取得分が減る場合もあります。
　遺言書は被相続人（故人）の意思を尊重し，相続人間の相続トラブルを避けるために有効な手段です。法律上，遺言書には種類と要件および形式が決まっています。
　遺言には大きく分けて「普通方式」と「特別方式（特殊なケース：船上や伝染病で隔離，死期がせまっているとき）」があります。
　通常は「普通方式」によりますが，普通方式も①自筆証書遺言，②公正証書遺言，③秘密証書遺言の3種類に分かれます。

▌自筆証書遺言

　遺言者（被相続人）が全文を自筆（ワープロ，タイプライター等不可）し，日付と署名と押印が必要です。証人不要で費用もかかりませんが，要件不備で無効になる可能性や紛失・偽造・改ざんのおそれもあります。遺言者の死亡後，家庭裁判所での検認の手続きが必要です。

▌公正証書遺言

　遺言者が口頭で述べた内容を公証人が文書＊にします（2人以上の証人が必要）。法的不備は回避できますが，手数料等の費用がかかります。また，紛失等の保管面は安心ですが遺言の内容を公証人や証人に知られるので秘密が漏れるおそれがあります。家庭裁判所での検認手続は不要です。

▌秘密証書遺言

　遺言者が作成（代筆，ワープロ等可）して封印した遺言書を公証＊してもらいます（2人以上の証人が必要）。遺言書の内容の秘密は保持できます

が，手数料等の費用がかかります。要件不備で無効になる可能性や紛失等保管面で問題は残ります。家庭裁判所での検認の手続きが必要です。

*各市町村の公証役場で行います。

■ **遺言書の種類とポイント** ■

	自筆証書遺言	公正証書遺言	秘密証書遺言
作成方法	**本人が全文自書**（日付および氏名も）して押印	公証人が口述筆記	本人（代筆，ワープロ可）作成 ➡**封書を公証**してもらう
証人の要否	不要	2名以上	2名以上
費用	不要 （検認の費用必要）	作成手数料が必要	作成手数料が必要 （検認の費用必要）
封印の要否	不要（封印も可）	不要（封印も可）	必要
保管	本人	原本：公証役場 正本：本人	本人
検認の要否	必要	不要	必要
秘密保持	遺言の存在自体を秘密にできる	遺言の事実と内容が証人に知られる	遺言の事実は証人に知られるが，内容は本人以外秘密にできる
備考	要件不備で無効の可能性や紛失，偽造，改ざんのおそれがある。	**要件不備や紛失，偽造，改ざんのおそれがない。**	要件不備で無効の可能性や紛失のおそれがある。

※ どの遺言書も書面に残すことが絶対条件となります。
※ 複数の遺言書がある場合は原則として日付が最新のものが有効とされます。

■ 自筆証書遺言の文例 ■

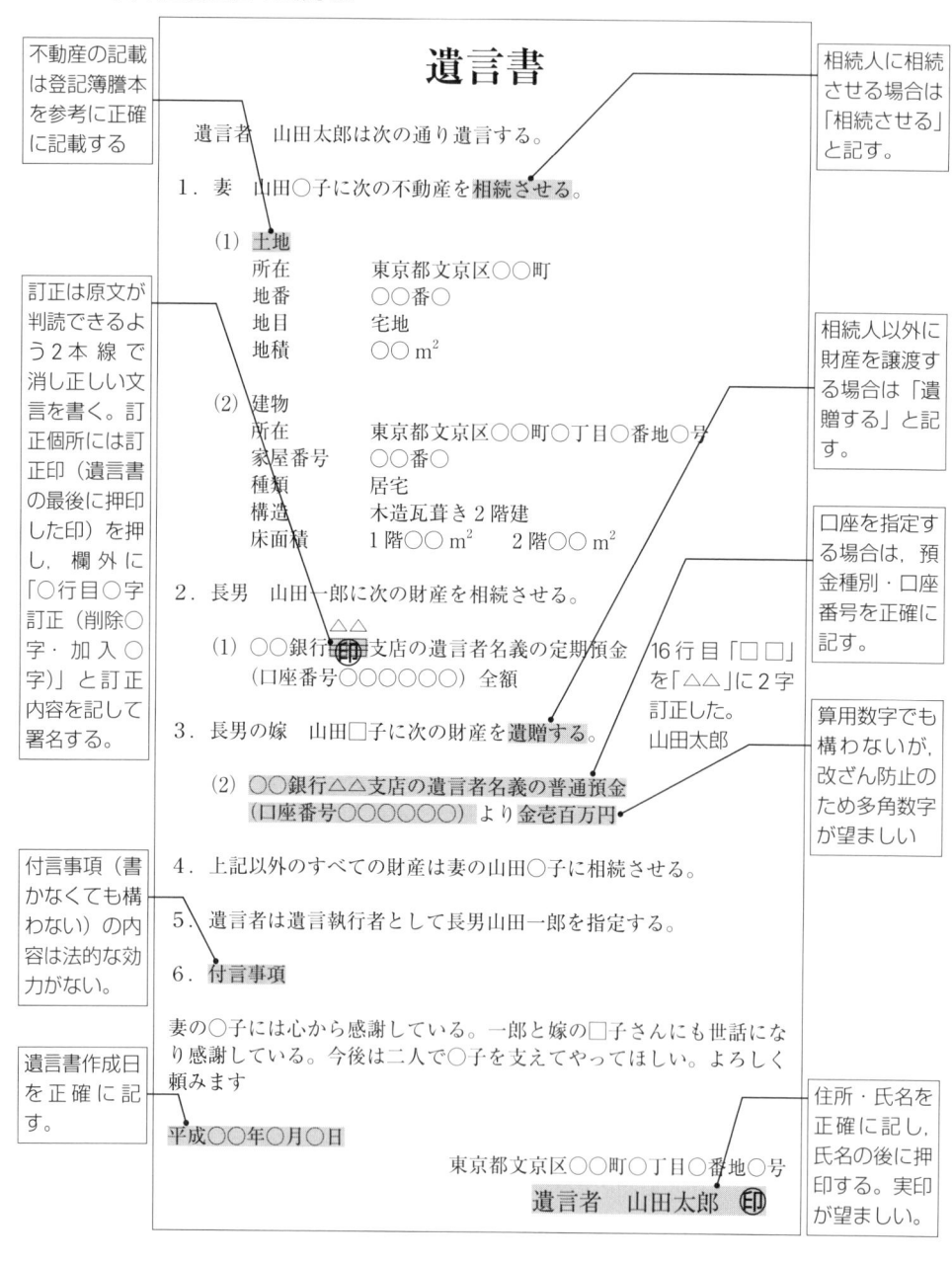

遺言書

遺言者　山田太郎は次の通り遺言する。

1．妻　山田○子に次の不動産を**相続させる**。

　(1) **土地**
　　　所在　　　　東京都文京区○○町
　　　地番　　　　○○番○
　　　地目　　　　宅地
　　　地積　　　　○○ m^2

　(2) 建物
　　　所在　　　　東京都文京区○○町○丁目○番地○号
　　　家屋番号　　○○番○
　　　種類　　　　居宅
　　　構造　　　　木造瓦葺き2階建
　　　床面積　　　1階○○ m^2　　2階○○ m^2

2．長男　山田一郎に次の財産を相続させる。
　　　　　　　　△△
　(1) ○○銀行㊞支店の遺言者名義の定期預金
　　　（口座番号○○○○○○）全額

3．長男の嫁　山田□子に次の財産を**遺贈する**。

　(2) **○○銀行△△支店の遺言者名義の普通預金**
　　　（**口座番号○○○○○○**）より**金壱百万円**

4．上記以外のすべての財産は妻の山田○子に相続させる。

5．遺言者は遺言執行者として長男山田一郎を指定する。

6．**付言事項**

妻の○子には心から感謝している。一郎と嫁の□子さんにも世話になり感謝している。今後は二人で○子を支えてやってほしい。よろしく頼みます

平成○○年○月○日

　　　　　　　　　　　東京都文京区○○町○丁目○番地○号
　　　　　　　　　　　　　遺言者　山田太郎　㊞

16行目「□□」
を「△△」に2字
訂正した。
山田太郎

［欄外注記］

- 不動産の記載は登記簿謄本を参考に正確に記載する
- 相続人に相続させる場合は「相続させる」と記す。
- 訂正は原文が判読できるよう2本線で消し正しい文言を書く。訂正個所には訂正印（遺言書の最後に押印した印）を押し，欄外に「○行目○字訂正（削除○字・加入○字）」と訂正内容を記して署名する。
- 相続人以外に財産を譲渡する場合は「遺贈する」と記す。
- 口座を指定する場合は，預金種別・口座番号を正確に記す。
- 算用数字でも構わないが，改ざん防止のため多角数字が望ましい
- 付言事項（書かなくても構わない）の内容は法的な効力がない。
- 遺言書作成日を正確に記す。
- 住所・氏名を正確に記し，氏名の後に押印する。実印が望ましい。

封入・封印

自筆証書遺言の場合，封入・封印は必ずしも必要ではありませんが，封筒に入れ封印しておく方がよいでしょう。

■ 封入・封印の例 ■

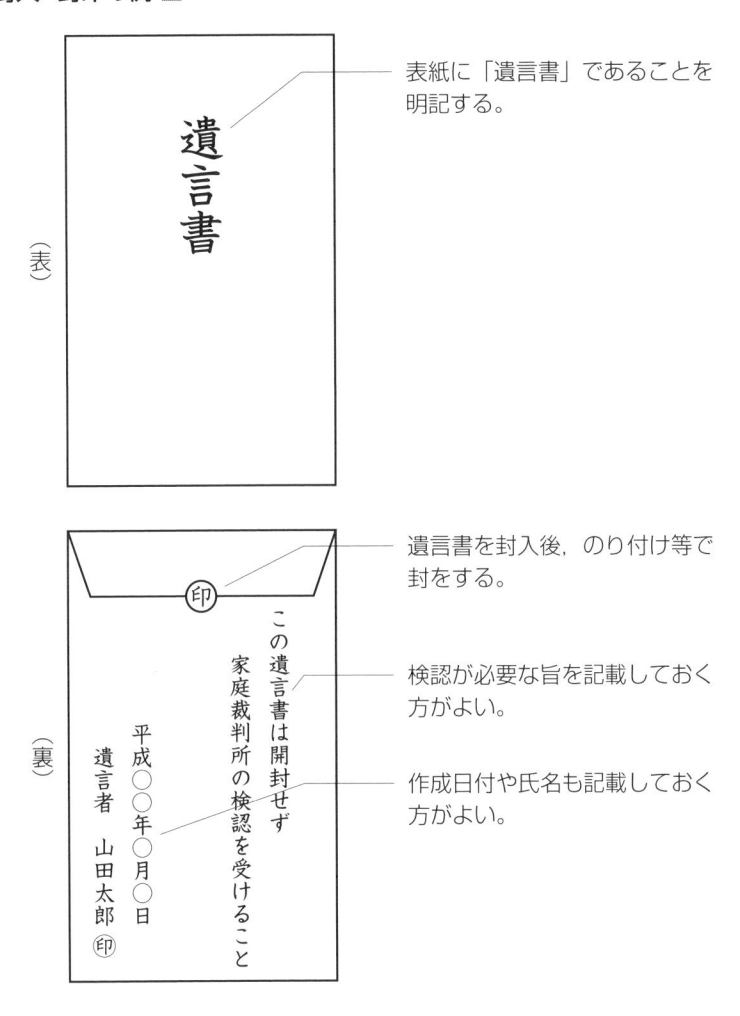

(表) 遺言書

表紙に「遺言書」であることを明記する。

(裏) この遺言書は開封せず家庭裁判所の検認を受けること　平成〇〇年〇月〇日　遺言者　山田太郎㊞

遺言書を封入後，のり付け等で封をする。

検認が必要な旨を記載しておく方がよい。

作成日付や氏名も記載しておく方がよい。

3-4 相続のスケジュール

相続は被相続人の死亡をもって開始します。

その後の手続きには各項目ごとに期限が定められているので，期限までに円滑に処理を進めていくことが必要です。

「相続放棄」「限定承認」では弁護士・司法書士などの専門家に，「準確定

■ 相続のスケジュール ■

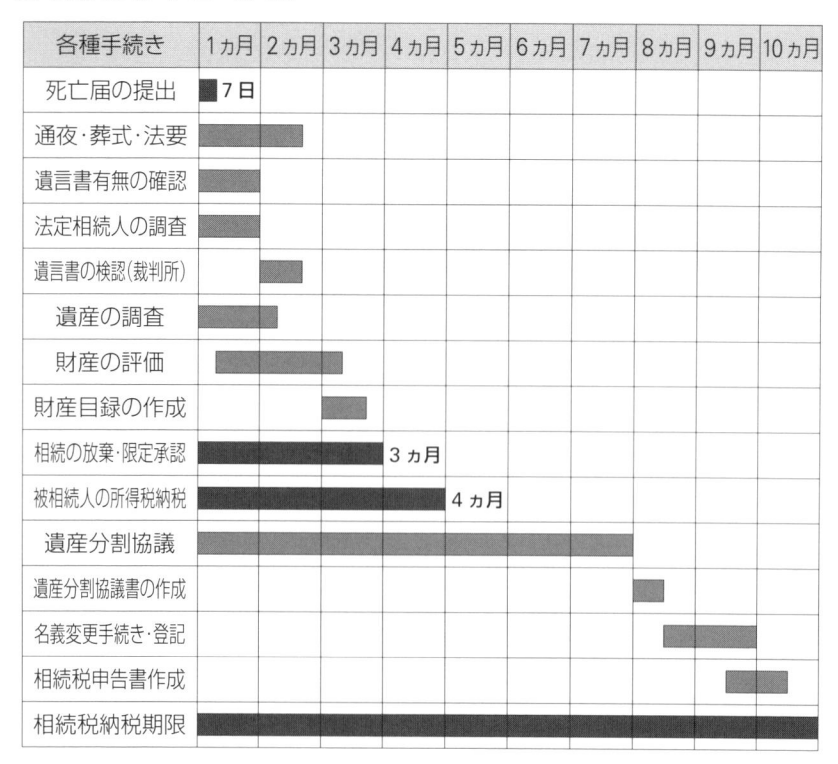

各種手続き	1ヵ月	2ヵ月	3ヵ月	4ヵ月	5ヵ月	6ヵ月	7ヵ月	8ヵ月	9ヵ月	10ヵ月
死亡届の提出	7日									
通夜・葬式・法要										
遺言書有無の確認										
法定相続人の調査										
遺言書の検認(裁判所)										
遺産の調査										
財産の評価										
財産目録の作成										
相続の放棄・限定承認			3ヵ月							
被相続人の所得税納税				4ヵ月						
遺産分割協議										
遺産分割協議書の作成										
名義変更手続き・登記										
相続税申告書作成										
相続税納税期限										

※ ■この色の部分は法定期限の定めがあります。

第3章　相続制度

申告（青色申告を含む）」「相続税の申告」では税理士などの専門家にご相談されることをおすすめします。

■ 相続のスケジュール表 ■

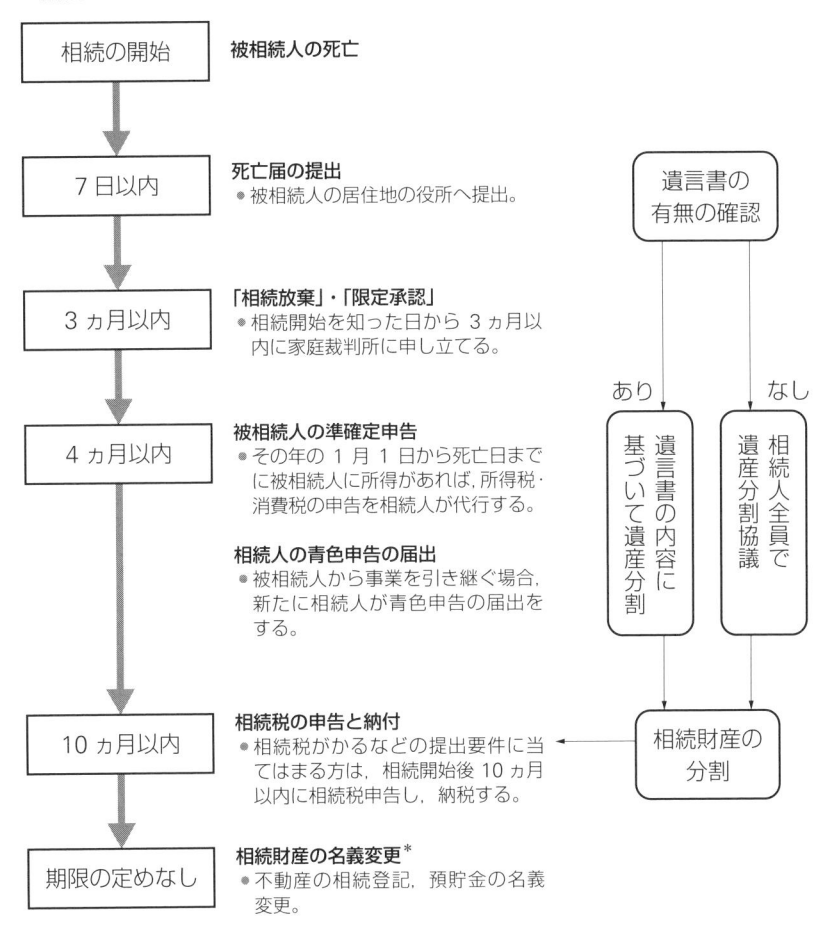

相続の開始		被相続人の死亡
死亡届の提出	7日以内	・被相続人の居住地の役所へ提出する。
「相続放棄」・「限定承認」	3ヵ月以内	・相続開始を知った日から3ヵ月以内に家庭裁判所に申し立てる。
被相続人の準確定申告	4ヵ月以内	・その年の1月1日から死亡日までに被相続人に所得があれば、所得税・消費税の申告を相続人が代行する。
相続人の青色申告の届出		・被相続人から事業を引き継ぐ場合、新たに相続人が青色申告の届出をする。
相続税の申告と納付	10ヵ月以内	・相続税がかかるなどの提出要件に当てはまる方は、相続開始後10ヵ月以内に相続税申告し、納税する。
相続財産の名義変更*	期限の定めなし	・不動産の相続登記、預貯金の名義変更。

遺言書の有無の確認
　あり → 遺言書の内容に基づいて遺産分割
　なし → 相続人全員で遺産分割協議
→ 相続財産の分割

＊期限の定めはありませんが、トラブルを回避するために遺産分割協議が整ったら早めに名義変更することをおすすめします。

3-5 遺産分割協議の種類

　遺言書がない場合に複数の相続人で相続財産を分けるには，**遺産分割協議**（誰に，どの財産を，どれだけ，どの方法により分割するかを相続人全員で協議する）が必要となります。

　法定相続分を参考にすることもできますが，遺産分割協議では**相続人全員の同意があれば自由に分割することができます**（遺言書があった場合でも相続人全員の同意があれば遺言書の内容と異なる遺産分割協議も有効です）。

　遺産の分割においては相続する財産の種類および性質や各相続人の個別の事情を考慮し相続人全員が同意できる内容でなければなりません。

■ **遺産分割方法** ■

現物分割	現物の財産のまま分割 ・最も一般的でわかりやすいが，相続分通りの分割が難しい
代償（代物）分割	一部の相続人が相続財産を多く取得する代わりに他の相続人に代償金（代替物：価値同等品）を払う ・相続人に金銭等の資力が必要 ・代物分割の譲渡益に対して所得税がかかることもある
換価分割	相続財産をすべて売却してその代金を分割 ・相続分どおりに公平に分割できるが，譲渡益に対して所得税がかかる。
共有分割	相続人全員で共有する ・公平に分割できるが，不動産の共有となると将来各人が自由に不動産の売却・処分時ができないことになる。

遺産分割協議では現物分割を中心に換価分割や代償分割等を組み合わせて相続人全員が納得できることが重要です。

遺産分割協議がまとまり、遺産の分割が確定すれば、遺産分割協議書を作成します。

遺産分割協議書の作成期限の定めはありませんが、相続税が課税される場合、相続税の申告期限の10ヵ月以内に作成する必要があります（相続税の申告までに遺産分割が整っていないと配偶者の税額軽減の特例などが受けられないことがあります）。

遺産分割協議がまとまらない場合は、家庭裁判所での調停・審判で遺産分割することになります。

相続税法では、相続税の申告期限までに遺産分割ができていないと法定相続分に従って分割・取得したものとして税額を計算し申告するように定められています。

▌遺産分割協議書

遺産分割協議書の作成には決まった形式はありません。ワープロでも手書きでも有効です。ただし、下記の点には注意が必要です。
①財産の内容と相続人が特定できるように記載する
②相続人全員*が参加していること

> ＊相続人が未成年者の場合は法定代理人または特別代理人（家庭裁判所で選任）が協議を行います。
> 相続人が認知症の場合、成年後見人（家庭裁判所で選任）が協議を行います。

③印鑑証明を受けた実印（相続人全員）の押印。

遺言書とは違い、遺産分割協議書は複数回にわたり日付を変えて作成しても有効です。

相続財産（遺産・債務）はもれなく記載することが必要となります。後日に判明したものがあれば、その遺産・債務については再度遺産分割協議が必要になります。

生命保険金・死亡保険金は遺産分割協議の対象ではないため記載しません。

■ **分割のフローチャート** ■

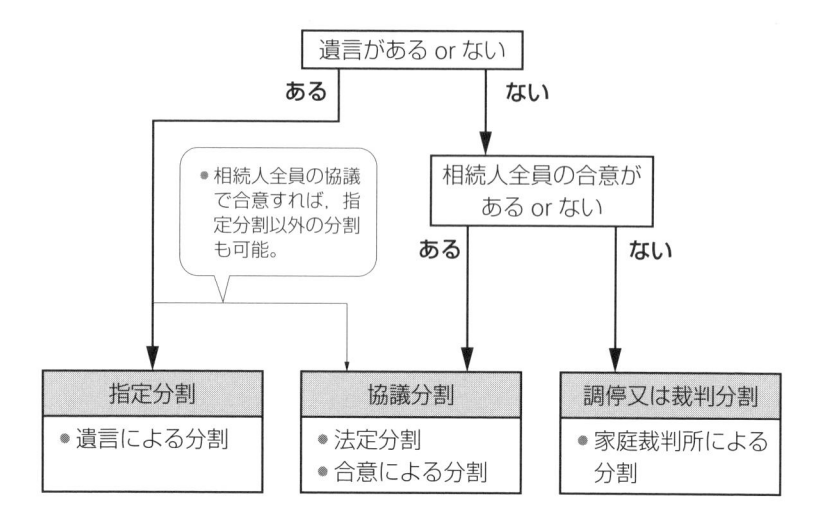

```
           ┌─────────────────┐
           │ 遺言がある or ない │
           └─────────────────┘
         ある ↙            ↘ ない
                      ┌──────────────────┐
                      │ 相続人全員の合意が │
                      │   ある or ない    │
                      └──────────────────┘
    ┌──[相続人全員の協議で        ある ↙      ↘ ない
    │   合意すれば，指定分割
    │   以外の分割も可能。]
    ↓          ↓              ↓              ↓
┌────────┐ ┌────────┐  ┌────────┐  ┌──────────────┐
│ 指定分割 │ │ 協議分割 │  │ 協議分割 │  │ 調停又は裁判分割│
├────────┤ ├────────┤  │        │  ├──────────────┤
│●遺言に │ │●法定分割│  │        │  │●家庭裁判所に │
│ よる分割│ │●合意に │  │        │  │ よる分割     │
│        │ │ よる分割│  │        │  │              │
└────────┘ └────────┘  └────────┘  └──────────────┘
```

指定分割	協議分割	調停又は裁判分割
●遺言による分割	●法定分割 ●合意による分割	●家庭裁判所による分割

※相続人全員の協議で合意すれば，指定分割以外の分割も可能。

第3章　相続制度

■ 遺産分割協議書の作成例 ■

遺産分割協議書

　平成○○年○月○日に死亡した被相続人山田太郎（**最後の本籍地**　東京都文京区○○　○丁目○番地○号　**最後の住所地**　東京都文京区○○　　　　○丁目○番地○号）の遺産について，同人の相続人全員において分割協議を行った結果，各相続人がそれぞれ次の通り遺産を分割し，取得することを決定した。

7．相続人　山田○子が取得する財産。
　　(3) **土地**
　　　　所在　　　　東京都文京区○○
　　　　地番　　　　○○番○
　　　　地目　　　　宅地
　　　　地積　　　　○○ m²
　　(4) **建物**
　　　　所在　　　　東京都文京区○○　○丁目○番地○号
　　　　家屋番号　　○○番○
　　　　種類　　　　居宅
　　　　構造　　　　木造瓦葺き2階建
　　　　床面積　　　1階○○ m²　　2階○○ m²
　　(5) 家財一式　東京都文京区○○町○丁目○番地○号

8．相続人　山田一郎が取得する財産。
　　(2) ○○銀行△△支店　**定期預金**
　　　（口座番号○○○○○○）**全額**

9．相続人　山田□子が取得する財産。
　　(2) ○○銀行△△支店　普通預金
　　　（口座番号○○○○○○）より金壱百万円

10．上記以外の遺産のすべては山田○子が取得する。

　上記のとおり相続人全員による遺産分割協議が成立したので，これを証するために本書を3通作成し，署名押印の上各自1通ずつ所持する。なお，本書に記載なき遺産・債務が後日判明したときは相続人全員で別途協議して決めるものとする。

　　　　平成○○年○月○日

　住　所　東京都文京区○○町○丁目○番地○号
　　相続人　**山田○子**　㊞

　住　所　東京都文京区○○町○丁目○番地○号
　　相続人　山田一郎　㊞

　住　所　東京都文京区○○町○丁目○番地○号
　　相続人　山田□子　㊞

注釈：

- 不動産の記載は登記簿謄本を参考に正確に記載する。名義変更（不動産・預貯金等）の際にも協議書は必要なので正確に記載する。
- 最後の本籍は「除籍謄本」に，最後の住所は「住民票の除票」で確認できます。
- 預貯金などは，預金種別・口座番号・金額を正確に記す。
- 遺産分割協議書作成日を正確に記す。
- 各相続人が自署で署名し，実印で押印し，印鑑証明書を添付する。

3-6 相続欠格と廃除

相続人となる者でも，一定の事由があれば相続権を失います。

下記の**相続欠格**，**相続廃除**の事由に該当すれば，相続財産を相続する権利がなくなるので注意が必要です。

▎相続欠格

相続人が相続に関して犯罪や不正な行為を行うと，相続欠格とみなされ**法律上当然に相続権を失います**。

例えば，被相続人や自分より先順位の相続人を故意に殺害したり，殺害しようとすれば当然に相続欠格にあたります。また，被相続人を騙したり，脅したりして遺言書を作成・取消・変更等をさせようとした場合も相続欠格になります。そして，遺言書を偽造・変造・破棄・隠匿した相続人も相続欠格として相続権を失います。

▎相続廃除

また，欠格事由とまではいえなくとも相続人に著しい非行があった場合，**被相続人の意思で相続廃除の手続きをとり相続人から相続権を奪うことができます**。

家庭裁判所に相続排除の請求をするか遺言書により廃除の手続きができます。

相続廃除は当然に認められるものではなく，相続人が被相続人に対して虐待または重大な侮辱を加えた，あるいは相続人に著しい非行があったと家庭裁判所が認めた場合のみ相続廃除が可能です。

相続廃除の意義は，遺留分をもつ相続人を廃除することにあります。遺

言書等で他の相続人を指名したり，廃除したい相続人に相続分を与えなくても，遺留分のある相続人（配偶者，子供，親）の遺留分までは奪えません。相続廃除の手続きを経て，相続権を喪失することで遺留分までも失うことになります。

したがって，相続廃除の対象になるのは遺留分のある相続人（配偶者，子供，親）のみで，兄弟姉妹には遺留分がないので相続廃除の対象とはなりません。兄弟姉妹の遺留分を奪うには遺言書で指定すれば足りるのです。

■ 相続欠格と廃除 ■

	相続欠格	廃除
内容	相続人が一定の事由（欠格事由）に該当する行為をした場合，法律上当然に相続権を剥奪する制度	被相続人の請求に基づく家庭裁判所の審判または調停により廃除の要件に該当すると認められる相続人の相続資格を剥奪する制度
欠格事由廃除の要件	〈欠格事由〉①故意に被相続人または先順位もしくは同順位の相続人を殺害し，または殺害しようとして刑を受けた者②被相続人が殺害されたことを知りながら，それを告訴・告発しなかった者③詐欺または脅迫によって，被相続人が遺言をしたり，取消・変更することを妨げた者④詐欺または脅迫によって被相続人に遺言させたり，取消・変更をさせた者⑤被相続人の遺言を偽造，変造，破棄，隠匿した者	〈廃除の要件〉①被相続人に対する虐待②被相続人に対する重大な侮辱③その他の著しい非行
手続き	手続きは不要（欠格事由に該当すれば，即相続欠格とみなされ相続権を失う）	①被相続人が生前に家庭裁判所に廃除の申し立てをする②遺言➡遺言執行者が廃除の申し立てをする
取り消し	民法上規定なし	家庭裁判所の審判または調停により取り消し可能

※ 相続欠格も廃除もその効果は一身専属的であり，欠格者も廃除者もその子に影響はなく代襲相続が可能です。

3-7 非嫡出子の相続分

　非嫡出子とは法律上の婚姻関係にない男女の間に生まれた子（婚外子）をいいます。
　母との親子関係は分娩によって当然に発生されるものとされますが，非嫡出子と父との親子関係は認知＊によって確立されます。認知によって父の「子」として父の遺産の相続権が発生します。しかし，認知のみでは嫡出子とはならず非嫡出子として嫡出子の半分の法定相続分しかありませんでした。これは，自ら分娩した実の母との関係でも同じで婚外子のままだと非嫡出子として相続分に差が生じ，嫡出子にするためにはわが子を養子にするなど一定の手続きが必要でした。

　　＊法律上の婚姻関係にない男女の間に生まれた子（非嫡出子）を，その父が自分の子であると認め法律上の親子関係を発生させることです。
　　認知には，父が父の意思で自分の子と認める「任意認知」と裁判により認知を求める「強制認知（裁判認知）」があります。

　嫡出子と非嫡出子の相続分の差は民法で規定され，明治以降長く続いていました。しかしついに，平成25年9月4日最高裁判所の大法廷（最大決平成25年9月4日）において非嫡出子の相続分を嫡出子よりも制限する民法900条4号但し書きは憲法14条（法の下の平等）に違反し違憲との決定をしました。
　同最高裁決定によれば，平成13年7月には上記民法900条4号但し書きの規定が違憲状態となっていたとしていますが，平成25年9月4日までにすでに判断が確定しているものについては，遡って無効とはならないという判断もしています。
　したがって非嫡出子の相続分が嫡出子と同等と扱われるケースは次の場合ということになります。

第3章 相続制度

①平成13年7月1日から平成25年9月4日までの間に開始した相続のうち，いまだ裁判所による判断が確定しておらず，和解も成立していない場合

②平成25年9月5日以後に開始した相続の場合

なお，上記判決を受けて平成25年12月5日に民法の一部が改正され非嫡出と嫡出子の相続分の不平等な取り扱いは撤廃され，非嫡出子でも嫡出子でも法定相続分は同じとなりました。

また，遺留分についても法定相続分と同じく非嫡出子と嫡出子との差はなくなりました。

■ 改正前と改正後の相関図 ■

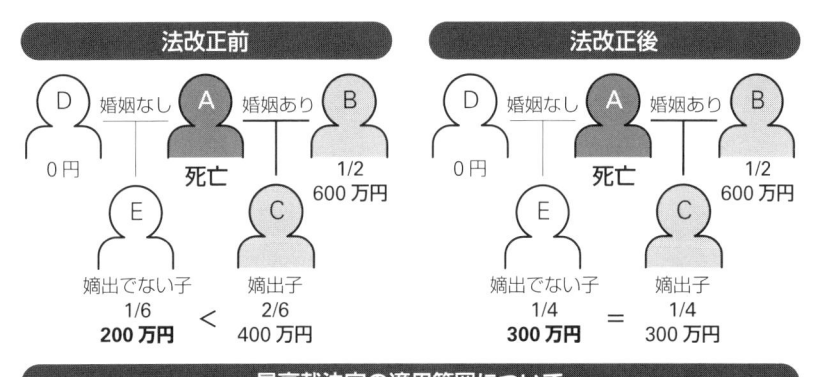

法改正前

- D（婚姻なし）— 0円
- A（死亡）— 婚姻あり — B：1/2　600万円
- E（嫡出でない子）：1/6　**200万円**　<　C（嫡出子）：2/6　400万円

法改正後

- D（婚姻なし）— 0円
- A（死亡）— 婚姻あり — B：1/2　600万円
- E（嫡出でない子）：1/4　**300万円**　=　C（嫡出子）：1/4　300万円

最高裁決定の適用範囲について

- H25.9.5以後に遺産の分割等がされる場合には，H25.9.4の最高裁決定に従った処理がされ，嫡出でない子の法定相続分は，嫡出子と同じになる
- H25.9.4以前に遺産の分割の審判その他の裁判，遺産の分割の協議その他の合意等により確定的なものとなった法律関係には影響なし

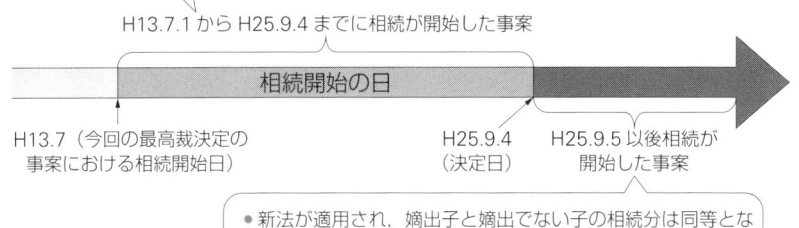

H13.7.1からH25.9.4までに相続が開始した事案

相続開始の日

- H13.7（今回の最高裁決定の事案における相続開始日）
- H25.9.4（決定日）
- H25.9.5以後相続が開始した事案

- 新法が適用され，嫡出子と嫡出でない子の相続分は同等とな

3-8 遺留分と遺留分の放棄

▌遺留分

　遺産分割（3-5参照）は遺言書の内容が最も優先して行われます。遺言書は故人の意思を尊重し，故人の財産処分権の自由を保障するものだからです。しかし，遺された相続人にも生活の保障等一定の保護も考慮しなければなりません。そこで，民法は「遺留分（最低限相続できる財産）」を規定し，相続人に最低限の権利を認めています。この遺留分は遺言書によっても侵害できません。

　遺留分が認められるのは，兄弟姉妹を除く法定相続人です。また，法定相続分の一部のみが認められます。

　そして遺留分は当然に発生するものではなく，遺留分を侵害している受遺者（遺贈を受けた者，法定相続人ではない）や他の相続人に対する「遺留分減殺請求（最低限相続できる財産を請求できる権利）」により生じます。

　遺留分減殺請求は相続の開始および自己の遺留分侵害を知った日から1年以内，相続開始から10年以内にしなければ時効により消滅します。

　遺留分減殺請求の方法には定めがなく，必ずしも裁判上の請求による必要はないので受遺者等に対する意思表示だけで効力が生じます。通常は弁護士等に相談して，内容証明郵便で意思表示をし，話し合いで折り合いが付かなければ，調停に移行し，最終的には裁判で決まるという流れになります。

▌遺留分の放棄

　遺言のみでは遺留分までを奪えず，後の遺産争いの不安を残すことにな

ります。

　そこで民法上認められている**遺留分の生前放棄**を活用し，被相続人の意思を尊重することができます。

　代償財産の提供や保険金（法定相続分や遺産分割協議の対象にならない）の受取人に指名するなどと引き換えに家庭裁判所の許可を経て相続人がその遺留分を被相続人の生前に放棄することができます（相続権の生前放棄は認められていません）。

　遺留分を侵害する遺言書を書いても，相続人が遺留分の生前放棄をしておけば遺言書通りの遺産分割ができ被相続人の意思を尊重し後の遺産争いも避けることができます。

■ 遺留分の割合 ■

法定相続人	各相続人の遺留分				遺留分の合計
	[順位なし]配偶者	[第一順位]子供	[第二順位]父母	[第三順位]兄弟姉妹	
配偶者のみ	1/2				1/2
配偶者と子供	1/4	1/4			1/2
子供のみ		1/2			1/2
配偶者と父母	1/3		1/6		1/2
父母のみ			1/3		1/3
配偶者と兄弟姉妹	1/2			なし	1/2
兄弟姉妹のみ				なし	なし

※ 同順位の相続人が複数存在する場合は，その順位の持ち分を人数で均等割りにします。

■ 亡くなった方に妻と子が2人いる場合 ■

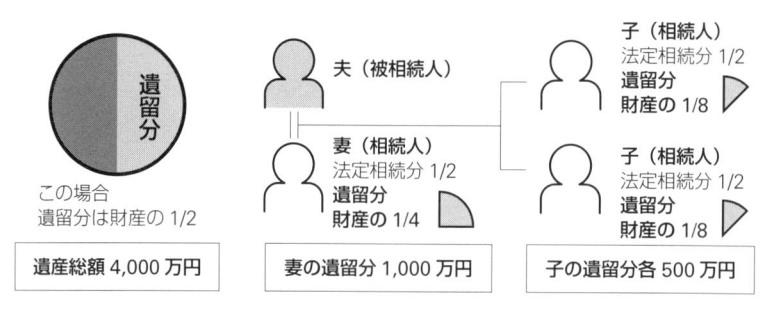

この場合
遺留分は財産の1/2

遺産総額 4,000万円

夫（被相続人）

妻（相続人）
法定相続分 1/2
遺留分
財産の1/4

妻の遺留分 1,000万円

子（相続人）
法定相続分 1/2
遺留分
財産の1/8

子（相続人）
法定相続分 1/2
遺留分
財産の1/8

子の遺留分各 500万円

コラム2　争族を避ける遺言書

　相続トラブルのほとんどは遺産の多少には関係なく，被相続人の意思がはっきりしなかったために起こります。遺産争いが勃発し，相続が争族になることも珍しくありません。

　特に相続トラブルが起こりやすい状況は次のとおりです。①遺産が不動産のみで分割困難，②特定の相続人が親の面倒をみていた，③前妻の子と後妻の子がいる，④特定の相続人に多額の贈与があったなどです。

　遺言書がある場合，原則遺言通りの相続をしなければなりません。遺言書を遺すと故人の「遺志」が尊重されるだけでなく，相続人の遺産争い（争族問題）も避けられます。

　特に下記のようなケースでは「遺言書」を作成しておくことをお薦めします。

　①前妻の子と後妻の子がいる場合
　②認知した子，死後認知したい子がいる場合
　③内縁の妻がいる場合
　④家業を承継させたい後継者がいる場合
　⑤特別に多くの財産を渡したい子がいる場合
　⑥子供の嫁や第三者にも遺産を渡したい場合
　⑦遺産の多くが分割しにくい不動産の場合

　相続が争族にならないように遺言書を書きましょう。

3-9 寄与分・特別受益について

寄与分について

　寄与分とは，共同相続人（相続人が複数いる場合のすべての相続人をさします）の中で被相続人の財産の維持・増加に特別の貢献があった者には民法の規定により，法定相続分または遺言によって相続分が指定されている場合は指定相続分の上乗せが認められる制度です。

　例えば，事業を営む甲が死亡し，2人の子A・Bが相続したとします。長男Aは父と一緒に事業を行い，父の財産形成に貢献してきたが，次男Bはサラリーマンで都会に行ったままというような場合，法定相続分通りで分けますと，不公平な結果になります。

　そこで，貢献してきた長男に相続分以上の財産を取得させようとすることになります。

　寄与分を主張できるのは相続人に限られ，内縁の妻や事実上の養子などは，どんなに貢献していても寄与分を主張することはできません。

　寄与分が認められるのは，次のような場合です。

- ▶ 被相続人の事業に関する労務の提供があった場合
- ▶ 被相続人の事業に関する財産の給付があった場合
- ▶ 被相続人の療養看護その他の方法により，被相続人の財産の維持または増加につき特別に寄与をした共同相続人

〈具体的計算方法〉

> 寄与者の相続額 ＝（相続開始時の財産の価格－寄与分の価格）× 相続分 ＋ 寄与分の価格

例 事業を営む甲が亡くなり，妻乙，長男A，次男Bが相続することになりました。
遺産は5,000万円。長男Aが甲の事業を手伝っており，寄与分を協議により1,000万円だとすると下記のようになります。

妻　　乙　（5,000 － 1,000）× 1/2 ＝ 2,000万円
長男　A　（5,000 － 1,000）× 1/2 × 1/2 ＋ 1,000 ＝ 2,000万円
次男　B　（5,000 － 1,000）× 1/2 × 1/2 ＝ 1,000万円

特別受益について

特別受益とは，共同相続人の中で被相続人から遺贈や生前の資金援助等，他の相続人と比べて特別な利益を受けたものは相続の前渡しを受けたものとしてその相続人の相続分から差し引いて計算する制度です。

共同相続人の中で，特定の相続人が被相続人から特別の利益を受けている場合に，単純に法定相続分とおりに分けると不公平が生じます。そのため，その相続人が遺産分割にあたって受けるべき財産額の前渡しを受けていたものとして特別受益にあたる贈与の価額を相続財産に加算します（これを特別受益の持戻しといいます）。そして，それぞれの相続分を割り出した後，割り出した相続分から特別受益の額を差し引いた残りが特別受益者の相続分になります。

特別受益の持戻しの対象となるのは，相続人に対する贈与に限られます。そして，特別受益の持戻しの必要があるのは，相続人の中で，被相続人から遺贈を受け，または婚姻，養子縁組のためもしくは生計の資本として贈与を受けた人に限られます。

例えば独立して事業を始めるときに開業資金を出してもらった場合や,家を建ててもらったり,住宅取得資金を出してもらったりした場合などが該当します。

〈具体的計算方法〉

> 特別受益者の相続額＝（相続開始時の財産の価格＋贈与の価格）× 相続分 － 遺贈または贈与の価格

※遺贈の場合は相続開始時の財産の価格に含まれているため加算する必要はありません。

例 甲が亡くなり,妻乙,長男A,次男Bが相続することになりました。遺産は5,000万円。長男Aは住宅取得資金として1,000万円の贈与を受けており,長男Bは600万円の遺贈を受けていたとします。

妻　乙　　（5,000＋1,000）× 1/2 ＝ 3,000万円
長男　A　（5,000＋1,000）× 1/2 × 1/2 － 1,000 ＝ 500万円
次男　B　（5,000＋1,000）× 1/2 × 1/2 － 600 ＝ 900万円
　　　　　　　　　　　　　　　　　　　（他に600万円の遺贈）

※特別受益額が相続分を超えるときは,超過特別受益者は被相続人の財産から何ももらえませんが,特別受益額が相続分を超えていたとしてもその超過分を返す必要はありません。

寄与分・特別受益を定める手続き

共同相続人のうち寄与分または特別受益を主張する相続人がいる場合,相続人全員の話し合いで決めることになります。

話し合いで解決がつかない場合は,家庭裁判所に申し立てをすることになります。調停でも話がまとまらない場合は,最終的には審判となり,裁判官が決定することになります。

第4章

相続税の計算方法

4-1 相続税の計算方法

相続税の大改正により，平成27年1月1日以降にお亡くなりになった方は基礎控除額が下がり，一定の金額以上の方は相続税率も上がります。どういう手順で相続税を計算していくかみていきましょう。

▌課税価格の合計額を求める

まず，財産リストを作成した手順で財産の総額を求めます。そこから債務・葬式費用の金額を控除します。

相続時精算課税制度（**5-2**参照）による贈与を受けた財産や，相続開始前3年以内に贈与を受けた財産（**4-2**参照）があればプラスします。これが課税価格の合計額になります。

■ 課税価格の合計額 ■

```
┌──────────────────────────────────────────┐
│  財産の総額（相続財産＋生命保険金等のみなし財産） ①  │
└──────────────────────────────────────────┘

┌──────────────────┐  ┌──────────┐  ┌──────────┐
│ 財産リストの純資産価額 ③ │  │ 債務 ②   │  │ 葬式費用 ② │
└──────────────────┘  └──────────┘  └──────────┘
                         ↓
                                ┌──────────────────┐
                                │ 相続開始前3年以内に │
                                │ 贈与を受けた財産 ④ │
                                └──────────────────┘
┌──────────────────┐           
│ 財産リストの純資産価額 ③ │  ＋  
└──────────────────┘           ┌──────────────────┐
                                │ 相続時精算課税制度による│
                                │ 贈与を受けた財産 ④ │
                                └──────────────────┘
                         ↓
┌──────────────────────────────────────────┐
│  課税価格の合計額（各相続人の課税価格合計） ⑤      │
└──────────────────────────────────────────┘
```

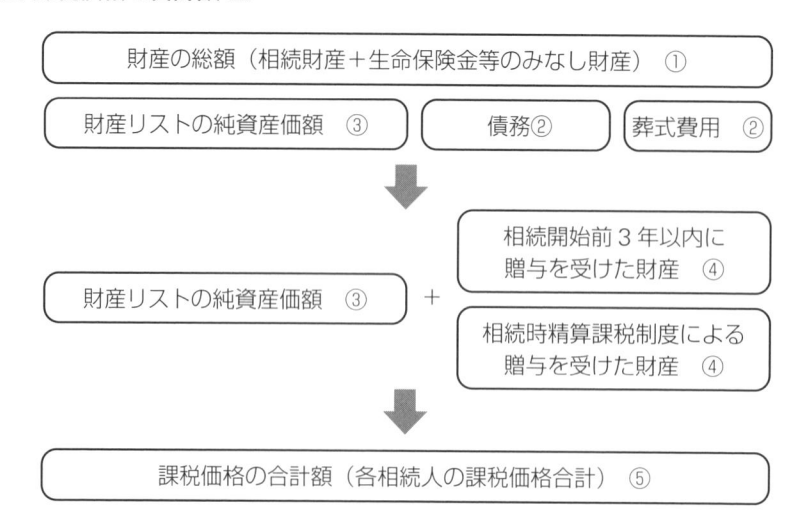

課税遺産総額を求める

課税価格の合計額から遺産に係る基礎控除額を差し引きます。

▶ 平成 26 年 12 月 31 日まで

> 5,000 万円＋(1,000 万円 × 法定相続人の数)

▶ 平成 27 年 1 月 1 日以降

> 3,000 万円＋(600 万円 × 法定相続人の数)

■ 課税遺産総額 ■

課税価格の合計額（各相続人の課税価格合計） ⑤

↓

課税遺産総額 ③

遺産に係る基礎控除額 ⑥ ②

▶ 平成 26 年 12 月 31 日まで
5,000 万円＋1,000 万円 × 法定相続人の数

▶ 平成 27 年 1 月 1 日以降
3,000 万円＋600 万円 × 法定相続人の数

法定相続分（3-1 参照）に応ずる取得金額を求める

課税遺産総額を各相続人が法定相続分ずつ取得したものとして計算します。

法定相続分に応ずる取得金額に税率（本節相続税の速算表参照）を乗じて相続税の総額の基となる金額を出します。

■ **法定相続分に応ずる取得金額** ■

```
            課税遺産総額 ③
按分（3-1参照）
  ↓              ↓              ↓              ↓
               ・法定相続分1/2   ・法定相続分1/4   ・法定相続分1/4
                をかける ⑤      をかける ⑤      をかける ⑤

配偶者乙：法定相続分に応ずる   子A：法定相続分    子B：法定相続分
     取得金額 ⑥            に応ずる取     に応ずる取
                           得金額 ⑥      得金額 ⑥

    ×税率＊           ×税率＊          ×税率＊

配偶者乙：相続税の総額の   子A：相続税の総    子B：相続税の総
     基となる金額 ⑦       額の基とな       額の基とな
                         る金額 ⑦        る金額 ⑦
```

＊本節相続税の速算表を当てはめてみて下さい

■ **相続税の速算表（平成 26 年 12 月 31 日までの場合）** ■

法定相続分に応ずる取得金額	税率	控除額
1,000 万円以下	10％	―
3,000 万円以下	15％	50 万円
5,000 万円以下	20％	200 万円
1 億円以下	30％	700 万円
3 億円以下	40％	1,700 万円
3 億円超	50％	4,700 万円

第4章　相続税の計算方法

■ 相続税の速算表（平成 27 年 1 月 1 日施行の場合） ■

法定相続分に応ずる取得金額	税率	控除額
1,000 万円以下	10％	－
3,000 万円以下	15％	50 万円
5,000 万円以下	20％	200 万円
1 億円以下	30％	700 万円
2 億円以下	40％	1,700 万円
3 億円以下	45％	2,700 万円
6 億円以下	50％	4,200 万円
6 億円超	55％	7,200 万円

相続税の総額を求める

　上記で求めた法定相続分ごとの相続税の総額の基礎となる金額を足します。そしてその相続税の総額の基礎となる金額の合計額が相続税の総額となります。

■ 相続税の総額 ■

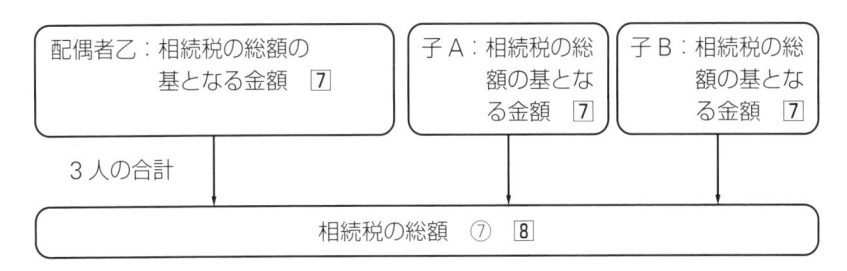

```
┌─────────────────┐  ┌─────────────┐  ┌─────────────┐
│配偶者乙：相続税の総額の│  │子 A：相続税の総│  │子 B：相続税の総│
│　　　　基となる金額 [7]│  │　額の基とな │  │　額の基とな │
│                 │  │　る金額   [7]│  │　る金額   [7]│
└────────┬────────┘  └──────┬──────┘  └──────┬──────┘
    3人の合計       │                │                │
                   ▼                ▼                ▼
         ┌──────────────────────────────────────────┐
         │        相続税の総額　[7]　[8]             │
         └──────────────────────────────────────────┘
```

109

■各相続人が取得した財産の割合で按分する（各人の算出税額の計算）

相続税の総額をそれぞれが取得した財産の割合に応じて按分します。

■ 各相続人が取得した財産の割合で按分（各人の算出税額の計算）■

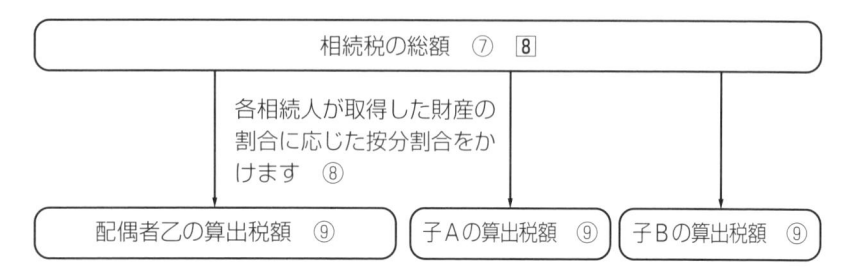

```
┌─────────────────────────────────────────────┐
│          相続税の総額　⑦　⑧                │
└─────────────────────────────────────────────┘
         各相続人が取得した財産の
         割合に応じた按分割合をか
         けます　⑧
┌──────────────────┐ ┌──────────────────┐ ┌──────────────────┐
│ 配偶者乙の算出税額 ⑨│ │ 子Aの算出税額 ⑨ │ │ 子Bの算出税額 ⑨ │
└──────────────────┘ └──────────────────┘ └──────────────────┘
```

■税額控除等を行う

各相続人ごとに按分した税額から税額控除等があれば差し引きます。税額控除等については以降（4-2, 3, 4）で説明しますが、相続税の2割加算、贈与税額控除、配偶者の税額軽減、未成年者控除、障害者控除、相次相続控除、外国税額控除の順番で控除していきます。

相続時精算課税制度に係る贈与税があればその税額もここで控除します。

■ 税額控除等（左記で説明した税額控除があればここで控除します）■

```
┌──────────────────┐ ┌──────────────────┐ ┌──────────────────┐
│ 配偶者乙の算出税額⑨│ │ 子Aの算出税額⑨ │ │ 子Bの算出税額⑨ │
└──────────────────┘ └──────────────────┘ └──────────────────┘
┌──────────────┐                            ┌──────────────┐
│ 配偶者乙の   │                            │   子Bの      │
│ 税額控除     │                            │ 税額控除     │
│ ⑩⑪⑫⑬      │                            │ ⑩⑫⑬        │
└──────────────┘                            └──────────────┘
```

第4章　相続税の計算方法

納付すべき相続税額（各人の納付・還付税額の計算）

上記によって求めた税額が、各相続人の納付すべき相続税額となります。

■ 納付すべき相続税額 ■

```
┌─────────────────┐   ┌─────────────┐   ┌─────────────┐
│ 配偶者乙の算出税額⑨ │   │ 子Aの算出税額⑨ │   │ 子Bの算出税額⑨ │
└─────────────────┘   └─────────────┘   └─────────────┘
┌──────────┬──────────┐ ┌────────────┐ ┌────────┬────────┐
│配偶者乙の  │配偶者乙の  │ │  子Aの      │ │子Bの   │子Bの   │
│税額控除    │納付税額    │ │  納付税額   │ │税額控除│納付税額│
│⑩⑪⑫⑬      │⑮          │ │  ⑮         │ │⑩⑫⑬   │⑮      │
└──────────┴──────────┘ └────────────┘ └────────┴────────┘
```

上記の①から⑮までの数字は相続税の申告書第1表の①から⑮の欄に該当します（本節相続税の申告書　第1表参照）。

1から8までの数字は相続税の申告書 第2表の相続税の総額の計算書の1から8の欄に該当します（本節相続税の申告書 第2表 相続税の総額の計算書参照）。

例　甲が平成27年1月1日以降に亡くなりました。

相続人は配偶者乙、子A（21歳・特別障害者）、子B（15歳）です。
配偶者乙は2億5,000万円、子Aは7,500万円、子Bは8,000万円の財産を取得しました。
配偶者乙は債務・葬式費用として1,000万円負担しています。
子Aは平成25年に甲から500万円の贈与を受け、贈与税の申告を行い、贈与税53万円を納付済みです。

それでは計算方法をみていきましょう。

■ 相続税の申告書　第1表 ■

			各人の合計	財産を取得した人		
			被相続人甲	配偶者乙	長男A	次男B
課税価格の計算	取得財産の価額	①	405,000,000 円	250,000,000 円	75,000,000 円	80,000,000 円
	債務及び葬式費用の金額	②	10,000,000 円	10,000,000 円	0 円	0 円
	純資産価額（①-②）	③	395,000,000 円	240,000,000 円	75,000,000 円	80,000,000 円
	相続開始前3年以内の贈与財産の価額	④	5,000,000 円	0 円	5,000,000 円	0 円
	課税価格（③+④）	⑤	400,000,000 円	240,000,000 円	80,000,000 円	80,000,000 円
各人の算出税額の計算	遺産に係る基礎控除額	⑥	48,000,000 円	左の欄には第2表の②欄の④の金額を記入します		
	相続税の総額	⑦	92,200,000 円	左の欄には第2表⑧欄の金額を記入します		
	按分割合	⑧	1.00	0.60	0.20	0.20
	算出税額	⑨	92,200,000 円	55,320,000 円	18,440,000 円	18,440,000 円
各人の納付税額の計算	税額控除額	暦年贈与分の贈与税額控除額	⑩	530,000 円	0 円	530,000 円	0 円
		配偶者の税額軽減額	⑪	46,100,000 円	46,100,000 円	0 円	0 円
		未成年者控除額	⑫	500,000 円	0 円	0 円	500,000 円
		障害者控除額	⑬	12,800,000 円	0 円	12,800,000 円	0 円
	差引税額	⑭	32,270,000 円	9,220,000 円	5,110,000 円	17,940,000 円
	申告期限までに納付すべき金額	⑮	32,270,000 円	9,220,000 円	5,110,000 円	17,940,000 円

第4章　相続税の計算方法

■ 相続税の申告書　第2表　相続税の総額の計算書 ■

①課税価格の合計額		②遺産に係る基礎控除額		③課税遺産総額 (①－②)	
㋑第1表⑥	400,000,000円	㋺3,000万円＋600万円×3人 （法定相続人の数）＝4,800万円		㋑－㋺	352,000,000円
④法定相続人		⑤左の法定相続人に応じた法定相続分	第1表の相続税の総額⑦の計算		
氏名	被相続人との続柄	^	⑥法定相続分に応ずる取得金額	⑦相続税の総額の基となる税額	
配偶者乙	配偶者	1/2	176,000,000円	53,400,000円	
長男A	子	1/4	88,000,000円	19,400,000円	
次男B	子	1/4	88,000,000円	19,400,000円	
法定相続人の数	3人	合計　1	⑧相続税の総額	92,200,000円	

　相続人それぞれの⑦相続税の総額の基となる税額は⑥法定相続分に応ずる取得金額に本節の相続税の速算表の税率をかけて控除額を差し引いて計算します。

　配偶者乙だと

　176,000,000円×40％－17,000,000円＝53,400,000円

になります。

　上記の①から⑮までの数字は相続税の申告書第1表の①から⑮の欄に該当します。

　①から⑧までの数字は相続税の申告書第2表の相続税の総額の計算書の①から⑧の欄に該当します。

第1表の税額控除の金額を計算していきましょう。

〈第1表⑩　暦年贈与分の贈与税額控除額（4-4参照）〉

　子Aは平成25年に500万円の贈与を受けていますので、そのときの贈与税額は

　（500万円－110万円）×20％－25万円＝53万円

となり、贈与税の申告をして納付済みです。その納付済みの贈与税額をこ

113

こで控除します。

〈第1表⑪　配偶者の税額軽減額（4-3参照）〉

配偶者控除額を計算していきましょう。

$$92,200,000円（相続税の総額）\times \frac{200,000,000（下記③）}{400,000,000（課税価格の合計）}$$

$$= 46,100,000円$$

① $400,000,000円 \times \frac{1}{2} = 200,000,000円 > 160,000,000円$

∴ 200,000,000円

② 240,000,000円

③ ①＜②　∴ 200,000,000円

〈第1表⑫　未成年者控除額（4-4参照）〉

次男Bが15歳ですので

（20歳－15歳）×100,000円＝500,000円

〈第1表⑬　障害者控除額（4-4参照）〉

長男Aが21歳で特別障害者ですので

（85歳－21歳）×200,000円＝12,800,000円

4-2 生前贈与加算について

　相続または遺贈により財産を取得した人が，被相続人からその相続開始前＊3年以内に贈与を受けた財産があるときは，その人の相続税の純資産価額に贈与を受けた財産の贈与のときの価額を加算します。

　　　＊相続開始前とは被相続人の死亡した日以前をさします。

▍加算する贈与財産の範囲

　被相続人から生前に贈与された財産の内，相続開始前3年以内に贈与されたものが対象です。相続開始前3年以内に贈与されたものであれば，贈与税がかかっていたかどうかに関係なく加算することになります。

　したがって基礎控除額110万円以下の贈与財産や被相続人が亡くなった年に贈与を受けた財産の価額も加算することになります。

▍加算しない贈与財産の範囲

◉贈与税の配偶者控除の適用を受けた財産（5-8参照）

　贈与税には婚姻期間が20年以上の配偶者から居住用の財産の贈与を受けた場合は2,000万円まで非課税になる贈与税の配偶者控除というものがあります。この贈与税の配偶者控除の適用を受けた配偶者控除額に相当する金額は生前贈与加算する必要はありません。

◉父母や祖父母などの直系尊属から贈与を受けた住宅取得等資金（5-7参照）

　平成27年1月1日から平成31年6月30日までの間に住宅取得等資金の贈与を受け，その住宅取得等資金で居住用家屋の新築若しくは取得または増改築をして翌年3月15日までに居住している場合は一定金額について贈

与税が非課税になります。この非課税部分の金額は生前贈与加算する必要はありません。

◉ **父母や祖父母などの直系尊属から一括贈与を受けた教育資金**（5-6参照）

平成25年4月1日から平成31年3月31日までの間に30歳未満の子供や孫の教育資金に充てるため金融機関で教育資金口座の開設等をした場合は1,500万円までは非課税になります。この非課税部分の金額は生前贈与加算する必要はありません。

Point!

▶ 相続または遺贈により財産を取得した人が被相続人から相続開始前3年以内に贈与を受けた財産 ➡ 相続税の課税対象となります。

▶ 相続または遺贈により財産を取得しなかった人（相続人以外）が被相続人から相続開始前3年以内に贈与を受けた財産 ➡ 相続税の課税対象とはなりません。

■ 生前贈与加算のフローチャート ■

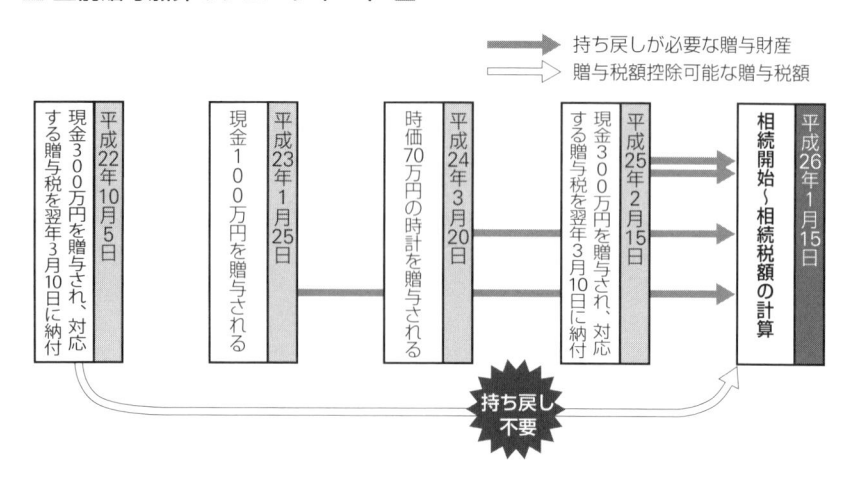

➡ 持ち戻しが必要な贈与財産
⇒ 贈与税額控除可能な贈与税額

平成22年10月5日	平成23年1月25日	平成24年3月20日	平成25年2月15日	平成26年1月15日
現金300万円を贈与され、対応する贈与税を翌年3月10日に納付	現金100万円を贈与される	時価70万円の時計を贈与される	現金300万円を贈与され、対応する贈与税を翌年3月10日に納付	相続開始〜相続税額の計算

持ち戻し不要

4-3 配偶者の税額軽減

▍配偶者の税額軽減

　配偶者に対する相続税については，同一世代間での財産の移転になることが多く，長年連れ添ってきた配偶者に対する配慮や，被相続人の死亡後に残された配偶者の老後の生活保障などのため，配偶者の税額軽減の規定が設けられており，一定金額まで税額控除が受けられます。

　ここでいう配偶者とは，被相続人との婚姻について，婚姻の届出をしている者に限られます。内縁や事実婚における配偶者は対象外です。

⦿ステップ１　配偶者の税額控除額を求めよう

$$相続税の総額 \times \frac{①or②のいずれか少ない金額}{課税価格の合計}$$

①配偶者の法定相続分と1.6億円のいずれか大きい方
②配偶者の課税価格

⦿ステップ２　上記で求めた控除額を引こう

$$配偶者の相続税額^* - 上記で求めた控除税額 = 配偶者が納付すべき相続税額$$

＊4-1　計算式（5）で求めた値。

計算方法は上記のようになりますが，簡単に説明すると1億6,000万円と配偶者の法定相続分のうち，いずれか高い方までが非課税となります。例えば全財産が2億円で，その内配偶者が取得した財産が1億6,000万円以下の場合には相続税はかかりません。

配偶者の税額軽減の注意点

　この配偶者の税額軽減は，配偶者が遺産分割などで実際に取得した財産をもとに計算されるため，申告期限までにまだ分割されていない場合は適用を受けることができません。

　ただし，相続税の申告書に申告期限後3年以内の分割見込書を添付した上で，申告期限までに分割されなかった財産について申告期限から3年以内に分割したときは，税額軽減の対象になります。(未分割の場合，法定相続分で分割したものとみなして相続税の申告書をいったん税務署に提出することになります)

　相続税の申告後に行われた遺産分割に基づいて配偶者の税額軽減を受ける場合は，分割が成立した日の翌日から4ヵ月以内に更正の請求という手続をする必要があります。

　また，相続または遺贈により財産を取得した者が，仮装または隠ぺいをして相続税の申告書を提出していた場合，その相続税について調査があったことにより，修正申告書を提出するときは，仮装または隠ぺいをしていた財産に伴い増加する税額について配偶者の税額軽減の規定の適用は受けることができません。

　例えば被相続人の孫名義の財産があったにもかかわらずその財産を含めずに申告していたとします。その財産が税務調査で仮装または隠ぺい行為として被相続人の財産と認定された場合には，その認定された財産については配偶者の税額軽減の計算上，その仮装または隠ぺいした財産がなかったものとして計算されることになります。

　仮装または隠ぺいした財産が出てきたことで遺産総額が増加し，相続税

第4章　相続税の計算方法

の総額も増加するため，仮装または隠ぺいした財産を配偶者が取得しなかったとしても，配偶者の税額も増加する一方，軽減額は同じになるため，必ず課税されることになります。そしてその増加した税額に関しては重加算税と延滞税も課税されることになります。

もちろん故意にしたものではなく，故人の事情がよくわからずに申告した場合のミスは，過少申告加算税の対象にはなりますが，配偶者の税額軽減の適用上，問題はありません。

Point!

▶ この配偶者の税額軽減の規定ですが，1億6,000万円まで相続税がかからないからといって1回目の相続（1次相続）のときに配偶者が財産を取得し過ぎると次の相続（2次相続）の際，相続税の負担が大きくなり，1次相続，2次相続を合わせると損をしてしまうことがあります。2次相続のことを考えて1次相続の遺産分割を行う必要があります。専門家にご相談されることをおすすめします。

■ 配偶者の税額軽減のイメージ ■

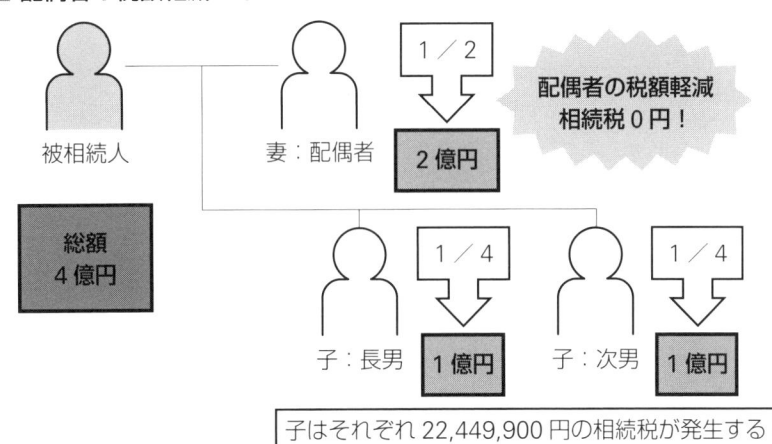

被相続人　―　妻：配偶者　1／2 → 2億円　配偶者の税額軽減　相続税0円！

総額 4億円

子：長男　1／4 → 1億円　　子：次男　1／4 → 1億円

子はそれぞれ22,449,900円の相続税が発生する

4-4 その他の税額控除等

前章において配偶者の税額軽減の説明をしましたが，それ以外にも下記ケースにあたる場合は税額の控除が認められます。

下記①から⑦に当てはまる場合は，控除が受けられるので詳細を参照してください。

■ さまざまな税額控除 ■

	税額控除	税額控除の対象者
①	相続税の2割加算	被相続人の一親等の血族および配偶者以外の人が相続した場合
②	贈与税額控除	3年以内に贈与税の申告をして贈与税を支払った場合
③	未成年者控除	相続人が未成年者の場合
④	障害者控除	相続人が障害者の場合
⑤	相次相続控除	10年以内に2度目の相続があった場合
⑥	外国税額控除	国外の財産をもっていて国外で税金を支払った場合
⑦	相続時精算課税制度に係る贈与税額控除	相続時精算課税制度の適用で贈与税を支払った場合

相続税の2割加算

相続，遺贈や相続時精算課税に係る贈与によって財産を取得した人が，被相続人の一親等の血族および配偶者以外の人である場合には，その人の相続税額にその相続税額の2割に相当する金額が加算されます。

子供を飛び越して孫が遺贈を受けたり，被相続人の養子になった孫等が相続したりした場合には，相続税額が2割加算されます。

この制度は孫が財産を取得すると相続税を1回免れることや，相続人で

ない人が財産を取得するのは一般的ではなく，課税の公平の見地から，相続税の負担調整を図ることが目的となっています。

2割加算されるのは主に次のような人です。
- ▶ 兄弟姉妹の相続人
- ▶ 祖父母の相続人
- ▶ 遺言等で血の繋がりが無く財産を貰う人
- ▶ 遺言等で財産を貰う孫

ただし，代襲相続*の孫は2割加算されません。

*代襲相続とは，本来相続人になるはずだった人が，相続開始以前に死亡していた場合などに，その子や孫が代わって相続人になることをいいます。

贈与税額控除

贈与税額控除とは，相続税と贈与税の二重課税を排除するために作られた制度です。

相続や遺贈により財産を取得した人が，相続開始前3年以内に被相続人から贈与を受けていた場合にその贈与をされた財産は相続税の課税対象となります。贈与を受けたときに贈与税を納めている場合，贈与税と相続税が二重課税されることになってしまいます。

財産の贈与があったときに支払った贈与税がある場合はその税額を相続税から差し引くことができます。

贈与額が110万円以下の場合は，贈与税の納税がありませんので，この控除を受けることができません。

相続開始の年に被相続人から贈与を受けた財産については贈与税の申告をせず，相続財産にプラスして計算することになります。

◉ 贈与税額控除の計算方法（4-1参照）

$$贈与税額控除 = 贈与を受けた年分の贈与税額 \times \frac{相続税の課税価格に加算する贈与財産の価額}{贈与を受けた年分の贈与財産の合計額}$$

例 Aさんは平成26年に父から400万円，母から300万円合計700万円を贈与により取得しました。

贈与税額は（700万円－110万円）×30％－65万円＝112万円となり，平成26年の贈与税の申告において112万円納税しました。

そして次の年に父が亡くなりました。

贈与税額控除額は上記の算式に当てはめると以下となります。

$$112万円 \times \frac{400万円}{700万円} = 64万円$$

Point!

▶ 相続税の課税価格に加算する贈与財産の価額は，相続時の価格ではなく，贈与があった時点の価格になります。

未成年者控除

未成年者控除は今回改正が行われました。平成27年1月1日以降に相続または遺贈によって財産を取得した人は1年につき下記の控除ができます。

未成年者控除とは，相続または遺贈により財産を取得した人が未成年の場合に控除があります。

改正前と改正後の控除額

改正前（平成26年12月31日まで）	改正後（平成27年1月1日以降）
6万円	10万円

◉ 未成年者控除の計算方法

> その未成年者が満20歳に達するまでの年数 ×10万円

上記の年数は1年未満の端数は1年としてカウントします。

例 Aさんは15歳10ヵ月でした。平成27年1月1日以降に相続が起こりました。

20歳までに達する年数は4年2ヵ月ですが，1年未満の端数は1年としてカウントするため，5年として計算します。

（20歳－15歳10ヵ月）×10万円＝50万円

障害者控除

障害者控除も今回改正が行われました。平成27年1月1日以降に相続または遺贈によって財産を取得した人は85歳までの1年につき下記の控除ができます。

障害者控除とは，相続または遺贈により財産を取得した人が85歳未満である障害者である場合に控除があります。

改正前と改正後の控除額

	改正前（平成26年12月31日まで）	改正後（平成27年1月1日以降）
一般障害者	6万円	10万円
特別障害者	12万円	20万円

◉障害者控除の計算方法
〈一般障害者〉

> （85歳－相続開始時の年齢）×10万円

上記の年数は1年未満の端数は1年としてカウントします。

〈特別障害者〉

> （85歳－相続開始時の年齢）×20万円

上記の年数は1年未満の端数は1年としてカウントします。

例 Aさんは50歳10ヵ月で一般障害者*でした。平成27年1月1日以降に相続が起こりました。

85歳に達するまでの年数は34年2ヵ月ですが、1年未満の端数は1年としてカウントするため、35年で計算します。

（85歳－50歳10ヵ月）×10万円＝350万円

*一般障害者
　精神障害者保健福祉手帳：2～3級、身体障害者手帳：3～6級
*特別障害者
　精神障害者保健福祉手帳：1級、身体障害者手帳：1～2級

相次相続控除

1度目の相続を第1次相続、2度目の相続を第2次相続といいます。

相次相続控除とは第1次相続の際に相続税を支払い、その後10年以内に第2次相続が起こり相続税を支払う際に第1次相続で支払った相続税の一部を控除できる制度のことをいいます。

父を亡くしてすぐに母を亡くしたとします。父の財産を相続してすぐに母の財産を相続することになります。このような短い間に相続が2回以上

起こると相続人にとって過度な相続税の負担となります。第1次相続で母が取得した財産に再度相続税がかかることになります。

ただし、この規定の適用を受けられる人は相続人に限られます。

◉相次相続控除の計算方法

$$A \times \frac{C}{B-A} (上限100\%) \times \frac{D}{C} \times \frac{10年-E}{10年}$$

A＝第2次相続の被相続人が、第1次相続で取得した財産にかかった相続税額

B＝第2次相続の被相続人が、第1次相続で取得した財産の価額（債務控除後の金額になります。）

C＝第2次相続で相続人全員が取得した財産の価額

D＝相次相続控除を受ける相続人が第2次相続で取得した財産の価額（債務控除後の金額になります。）

E＝第1次相続から第2次相続までの年数（1年未満の端数は切り捨て）

例

〈第1次相続〉

被相続人甲は平成19年11月4日の父の死亡の際、相続により財産を取得しており、その申告内容は下記のとおりです。

相続財産の価額	140,000 千円
債務控除額	△8,250 千円
生前贈与加算額	2,750 千円
課税価格	134,500 千円
相続税額	26,700 千円（A）

相続財産の価額－債務控除したものを純資産価額といいます。計算で使用するのは債務控除後の金額であるため140,000千円－8,250千円＝131,750千円（B）を使います。

〈第2次相続〉

被相続人甲は平成26年9月12日に亡くなりました。甲の相続人は配偶者の乙と長男Aでした。

相続財産の価額　210,000千円
債務控除額　△10,000千円
課税価格　200,000千円（C）

純資産価額は210,000千円－10,000千円＝200,000千円（D）となります。

配偶者乙の純資産価額　120,000千円　長男Aの純資産価額　80,000千円とした場合下記の計算になります。

① $26,700\text{千円}(A) \times \dfrac{200,000\text{千円}(C)}{131,750\text{千円}(B)-26,700\text{千円}(A)} \left(>\dfrac{100}{100}\therefore\dfrac{100}{100}\right)$

$\times \dfrac{200,000\text{千円}(D)}{200,000\text{千円}(C)} \times \dfrac{10\text{年}-6\text{年}}{10\text{年}} = 10,680\text{千円}$

※平成19年11月4日から平成26年9月12日 ➡ 6年（E）
※1年未満の端数は切り捨て。

次に配偶者乙と長男Aの相次相続控除額を取得する財産で按分します。

② 配偶者乙　$10,680\text{千円} \times \dfrac{120,000\text{千円}}{200,000\text{千円}} = 6,408\text{千円}$

長男A　$10,680\text{千円} \times \dfrac{80,000\text{千円}}{200,000\text{千円}} = 4,272\text{千円}$

ただし，配偶者乙については配偶者の税額軽減の規定を適用した後に残額があるときは，その残額と相次相続控除額のいずれか小さい方の金額がこの規定の適用金額となります。

外国税額控除

外国税額控除は，相続または遺贈により国外にある財産を取得した場

合，その国外財産の所在地において，外国の法令により，日本の相続税に相当する税が課された場合は，日本とその国外財産の所在地の両方で二重に課税されることになるため，その二重課税を排除するために作られた制度です。

◉外国税額控除の計算方法

①国外財産の所在地において支払った税額

$$②相続税額^* \times \frac{国外財産の価額（債務金額控除後）}{相続または遺贈により取得した財産の価額（債務控除後）}$$

＊ここでいう相続税額は，相次相続控除後の税額になります。

①と②のいずれか小さい方の金額が外国税額控除額になります。

相続時精算課税制度に係る贈与税額控除（5−2参照）

相続時精算課税による贈与を受けた人は，財産の総額にその贈与を受けた財産の価額をプラスし，その贈与を受けたときに納付した贈与税額があるときは，その金額をここで控除します。控除の結果，マイナスになった金額があれば還付されます。

4-5 1次相続と2次相続の関係

　前節までで，相続税の計算方法から税額控除までを説明しました。相次相続控除では，第1次相続と第2次相続の間が10年以内の場合，第1次相続で母が取得した財産に再度相続税がかかることになり，相続税の負担が大きくなるので第1次相続で支払った相続税の一部を控除できる制度があります。

　第1次相続において，配偶者が相続財産の1/2か1億6,000万円までのいずれかを取得した場合，相続税がかかりません。この場合，第1次相続では相続税がかからないかもしれませんが，第2次相続においては子供が母の財産を相続することになり，配偶者の税額軽減などの減額制度を使うことができないことや，法定相続人が1人減り基礎控除額が少なくなり税率も上がる＊ため，第2次相続で多額の財産を相続することになり，第1次相続と第2次相続のトータルの相続税額は高くなってしまいます。

　要は第1次相続と第2次相続の配分のバランスを事前に考慮しなければならないということです。

<small>＊相続税の税率は超過累進税率になっており，超過累進税率とは，課税標準（税金をかける計算の基となる金額）をいくつかの段階に分けて，その区分ごとに順次高くなる税率を適用することになります。</small>

第2次相続までの期間に注意が必要

　第1次相続で被相続人となる人がある程度の年齢である場合，第2次相続までの年数はあまり長くないと考えられます。その場合は，第1次相続において，配偶者が多くの財産を相続するよりも，子供に相続させる方が，第2次相続で納付する相続税額は少なくなります。また反対に，第1次相続で被相続人となる人が若くして亡くなった場合，第2次相続までの期間

第4章 相続税の計算方法

は長いですし，生前対策も可能です。また，子育てなどで財産が必要になるため，配偶者が第1次相続で多額の財産を取得しても問題がないと思われます。

財産の金額に注意が必要

　第1次相続で，財産が1億円から2億円くらいで少ない場合，配偶者が多額の財産を取得するよりも，子供に相続させた方が，第1次相続と第2次相続の合計の相続税額が少なくなります。また反対に，第1次相続で財産が多い場合，配偶者が相続財産の1/2近く相続しないと，相続税は超過累進課税であるため，子供が負担する相続税が多くなり，第1次相続で納付する相続税が多額になります。このようなケースでは配偶者が相続財産の1/2近く相続し，その後生前対策で，第2次相続で支払う相続税を少しでも少なくするように工夫することになります。

　それでは，第1次相続と第2次相続にかかる相続税を考えた場合，第1次相続で配偶者がどれくらいの割合の財産を相続するのがトータルの相続税額が少なくなるかみていきましょう。下記の例は配偶者が第1次相続で取得した財産から，第1次相続で配偶者が納付した相続税をマイナスし，それ以外の増減はないものとして計算しています。

　贈与税額控除，未成年者控除，障害者控除はなかったものとして計算しています。

　第1次相続の際の相続財産が3億円で第2次相続の際の配偶者の固有財産はなかったものとして，第1次相続が平成27年に起こり，第2次相続が平成32年に起こったこととして，第1次相続と第2次相続との間隔が5年で計算しています。

129

■ 1次相続と2次相続のトータルの相続税額 ■

(第1次相続の際の財産が3億円で配偶者固有の財産が5,000万円の場合)(単位：円)

1次相続配偶者配分割合	1次相続時の相続税額				2次相続時の相続税額				相続税の総合計
	配偶者乙	子供A	子供B	相続税合計	子供A	子供B	相次相続控除額	相続税合計	
0%	0	28,600,000	28,600,000	57,200,000	0	0	0	0	57,200,000
10%	0	25,740,000	25,740,000	51,480,000	2,340,000	2,340,000	0	4,680,000	56,160,000
20%	0	22,880,000	22,880,000	45,760,000	4,800,000	4,800,000	0	9,600,000	55,360,000
30%	0	20,020,000	20,020,000	40,040,000	7,800,000	7,800,000	0	15,600,000	55,640,000
40%	0	17,160,000	17,160,000	34,320,000	12,200,000	12,200,000	0	24,400,000	58,720,000
50%	0	14,300,000	14,300,000	28,600,000	16,700,000	16,700,000	0	33,400,000	62,000,000
60%	3,813,000	11,440,000	11,440,000	26,693,000	20,627,900	20,627,900	1,167,750	40,088,000	66,781,000
70%	9,533,300	8,580,000	8,580,000	26,693,300	24,693,200	24,693,200	3,284,312	46,102,000	72,795,300
80%	15,253,300	5,720,000	5,720,000	26,693,300	29,549,200	29,549,200	5,856,477	53,241,900	79,935,200
90%	20,973,300	2,860,000	2,860,000	26,693,300	34,405,200	34,405,200	8,906,692	59,903,700	86,597,000
100%	26,693,300	0	0	26,693,300	39,261,200	39,261,200	12,458,642	66,063,700	92,757,000

　上記の表から第1次相続の際に配偶者が取得する相続財産は1/2以下の方がトータルの税額が少なくなることがわかります。配偶者の固有財産がいくらあるかによっても第1次相続で配偶者が取得する割合も変わってきます。

■ 第 1 次相続から第 2 次相続までの期間と財産でみる対策 ■

	第 1 次相続から 第 2 次相続までの期間	対策
期間	長い場合	時間的余裕があるので第 1 次相続における配偶者の取得財産が多くても，生前対策が可能になる
	短い場合	第 1 次相続において，配偶者が財産を多く取得するよりも，子供に相続させた方が有利
財産の総額	多い場合	第 1 次相続において，配偶者がある程度財産を取得しないと，子供の相続税が高くなる
	少ない場合	第 1 次相続において，配偶者が財産を多く取得するよりも，子供に相続させた方が有利

Point!

▶ 家族構成によりそれぞれケースが異なりますが，配偶者の固有財産も含めた上で，配偶者の税額軽減，小規模宅地の減額などの規定を有効に活用し，第 1 次相続で配偶者が取得する財産の割合を決定されることをおすすめします。バランスが大事なのです。

4-6 相続税の納税方法とは

▌金銭一時納付

相続税は金銭一時納付が原則です。

相続税の納付期限は相続の開始があったことを知った日の翌日から10ヵ月以内になります。例えば10月5日に死亡した場合はその翌年の8月5日が申告・納付期限となります。

納付期限までに金銭で一時に納付することが困難な場合には，相続人自身の預貯金等の資産から納税する必要があります。それでも，金銭一時納付が困難な場合は，不動産を売却して納税資金を作ったり，銀行から借入をしたりして納付することになります。

納付期限までに納付ができず，納税が遅れた場合には延滞税が課税されます。

■ 相続税の納税方法判定のフローチャート ■

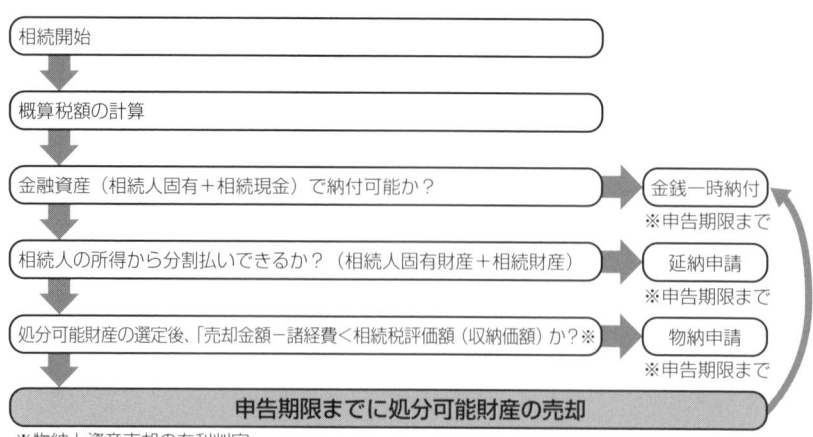

```
相続開始
   ↓
概算税額の計算
   ↓
金融資産（相続人固有＋相続現金）で納付可能か？ → 金銭一時納付
                                              ※申告期限まで
   ↓
相続人の所得から分割払いできるか？（相続人固有財産＋相続財産） → 延納申請
                                                          ※申告期限まで
   ↓
処分可能財産の選定後，「売却金額－諸経費＜相続税評価額（収納価額）か？※ → 物納申請
                                                                   ※申告期限まで
   ↓
申告期限までに処分可能財産の売却
```

※物納と資産売却の有利判定

第4章　相続税の計算方法

■ 金銭一時納付の類型 ■

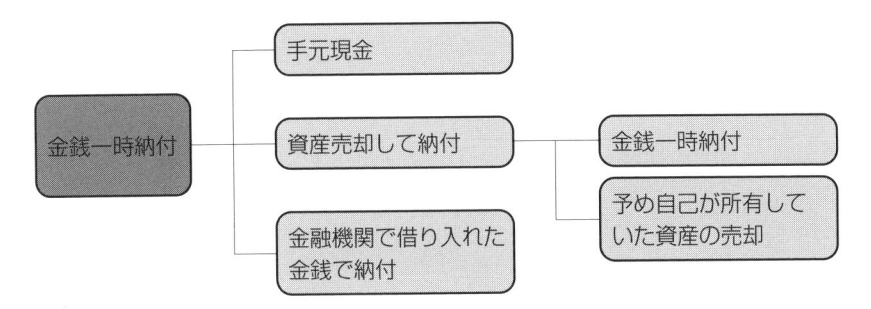

```
金銭一時納付 ─┬─ 手元現金
              ├─ 資産売却して納付 ─┬─ 金銭一時納付
              │                    └─ 予め自己が所有していた資産の売却
              └─ 金融機関で借り入れた金銭で納付
```

　金銭で一時に納付する場合は相続人ごとに別々の納付書で納付することになります。

　納付書は下記のようなものになります。

■ 納付書のイメージ ■

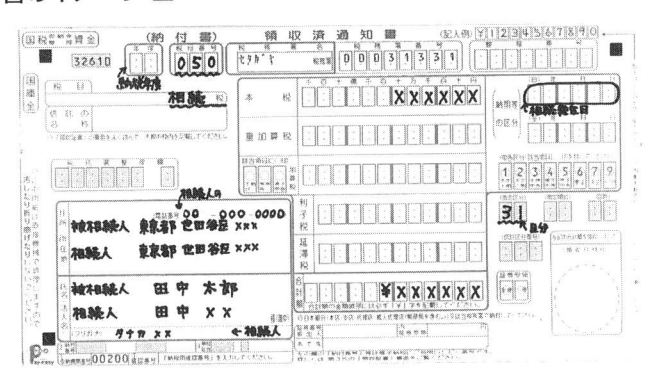

Point!

▶ 相続が起こったが，不動産ばかりで納税資金がない‼ということになると金銭で一時に納付することが難しくなります。そうならないためにも，相続財産がどのくらいあるか把握し，納税資金対策に生命保険にあらかじめ計画的に加入しておくなど日頃からの準備が大切になります。

延滞税・利子税の割合

平成26年1月1日以降，延滞税と利子税の割合が下がりました。

◉ 延滞税の割合

① 納期限までの期間および納期限の翌日から2月を経過する日までの期間については，年「7.3%」と「特例基準割合＊＋1%」のいずれか低い割合を適用することとなり，下表①の割合が適用されます。

② 納期限の翌日から2月を経過する日の翌日以後については，年「14.6%」と「特例基準割合＊＋7.3%」のいずれか低い割合を適用することとなり，下表②の割合が適用されます。

> ＊特例基準割合とは，各年の前々年の10月から前年の9月までの各月における銀行の新規の短期貸出約定平均金利の合計を12で除して得た割合として各年の前年の12月15日までに財務大臣が告示する割合に，年1%の割合を加算した割合をいいます。

■ 延滞税の表 ■

期間	割合 ①	割合 ②
平成26年1月1日から平成26年12月31日	2.9%	9.2%
平成27年1月1日から平成27年12月31日	2.8%	9.1%

◉ 利子税の割合

利子税とは，延納または納税申告書の延期が認められる場合に課される付帯税です。

■ 利子税の表 ■

期間	割合
平成26年1月1日から平成26年12月31日	1.9%
平成27年1月1日から平成27年12月31日	1.8%

4-7 相続税の納税方法（1）
延　納

　国税は金銭で一時に納付することが原則です。しかし，相続税額が10万円を超え，金銭で納付することを困難とする事由がある場合には，納税者の申請により，その納付を困難とする金額を限度として，担保を提供することにより，分割して納付することができます。

　延納期間中は利子税の納付が必要になります。

　なお，その相続税に附帯する延滞税，加算税および連帯納付責任額＊については，延納の対象にはなりません。

> ＊相続税の納付については，各相続人が相続または遺贈により受けた利益の価額を限度として，お互いに納付しなければならない義務（連帯納付義務）があります。このため，相続人の中のどなたかが相続税を納付しない場合には，他の相続人は，納付していない相続人の相続税や延滞税などについて，納付を求められることになります。

■ 延納の要件 ■

①相続税額が10万円を超えること
②金銭で納付することが困難な金額の範囲内であること
③担保を提供すること＊1
　ただし，延納税額が50万円未満＊2でかつ，延納期間が3年以下である場合には担保を提供する必要はありません。
④延納申請に係る相続税の納期限または納付すべき日（延納申請期限）までに，延納申請書を税務署長に提出すること。

＊1　担保として提供できる財産は，相続または遺贈により取得した財産に限らず，相続人固有の財産や共同相続人または第三者が所有している財産でも構いません。
・国債および地方債
・社債，その他の有価証券で税務署長が確実と認めるもの
・土地
・建物，立木，登記された船舶などで保険に附したもの
・鉄道財団，工場財団などの財団
・税務署長が確実と認める保証人の保証

＊2　平成27年4月1日以後に提出される延納申請の許可については「100万円以下」となります。

相続税の延納期間および延納に係る利子

法律上，延納できる期間および延納にかかる利子税の割合は，相続財産に占める不動産等の割合に応じて，次の表のとおり定められています。

■ 相続税の延納期間および利子税の割合

区分			延納期間	延納利子税割合	延納利子税割合（平成26年）＊
不動産等の割合が75％以上の場合	1	不動産等に対応する税額	20年	年3.6％	年0.9％
	2	動産等に対応する税額	10年	年5.4％	年1.4％
不動産等の割合が50％以上75％未満の場合	3	不動産等に対応する税額	15年	年3.6％	年0.9％
	4	動産等に対応する税額	10年	年5.4％	年1.4％
不動産等の割合が50％未満の場合	5	立木に対応する税額	5年	年4.8％	年1.2％
	6	立木以外の財産に対応する税額		年6.0％	年1.5％

＊下記の【延納利子税の割合】のところで説明している算式で平成26年の利子税の割合を計算するとこのようになります。

延納期間

延納期間は，延納税額を10万円で除して得た数（1未満の端数は，切り上げ）に相当する年数を限度とします。

例 延納税額125万円の場合の計算方法

125万円÷10万円＝12.5≒13　延納期間13年

第4章 相続税の計算方法

▌延納利子税の割合

各年の延納特例基準割合*1が7.3%に満たない場合には利子税の割合は次の算式で計算します。

$$\text{延納利子税割合} \times \frac{\text{延納特例基準割合}^{*2}}{7.3\%}$$

* 1 延納特例基準割合とは、その分納期間の開始の日の属する年の前々年の10月から前年の9月までの各月における銀行の新規の短期貸出約定平均金利の合計を12で除して得た割合として各年の前年の12月15日までに財務大臣が告示する割合に、年1%の割合を加算した割合をいいます。平成26年1月1日時点の延納特例基準割合は1.9%でした。
* 2 0.1%未満の端数は切り捨てます。

■ 分割納税のイメージ ■

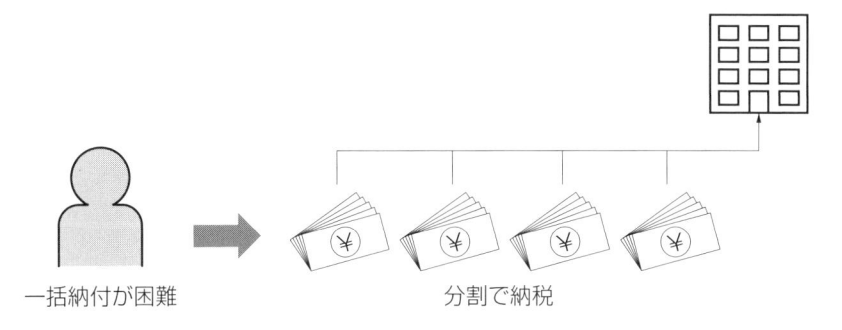

一括納付が困難 → 分割で納税

4-8 相続税の納税方法（2）
物　納

　国税は金銭で納付することが原則ですが，相続税については，延納によっても金銭で納付することが困難である場合には，納税者の申請により，その納付を困難とする金額を限度として一定の相続財産による物納が認められています。

　国は物納された物を収納し，管理・売却します。

■ 物納のイメージ ■

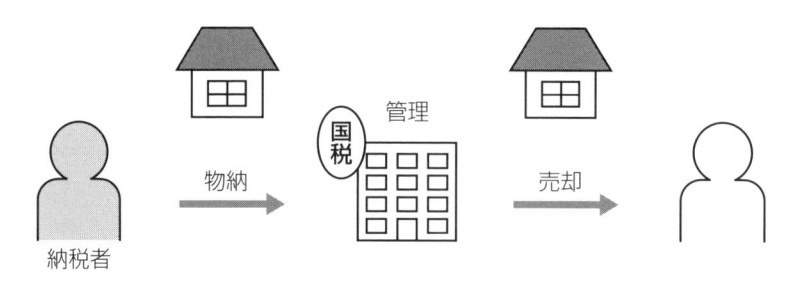

物納の要件

　次に掲げるすべての要件を満たしている場合に，物納の許可を受けることができます。

　①延納によっても金銭で納付することが困難とする事由があり，かつ，その納付を困難とする金額を限度としていること。

　②物納をすることができる財産は定められており，かつ，その順位も定められています。

　　▶ 第1順位　　国債，地方債，不動産，船舶
　　▶ 第2順位　　社債，株式，証券投資信託または貸付信託の受益証券
　　▶ 第3順位　　動産

③物納をすることができる財産は管理処分不適格財産*1に該当しないことおよび物納劣後財産*2に該当する場合には，他に物納をすることができる財産がないこと。

簡単にいえば，「相続財産で日本国内にあり，かつ，国が管理または売却するのに適している財産」であることになります。

*1 管理処分不適格財産とは以下に当てはまる財産のことです。
　①不動産
　・担保権の設定登記がされているような不動産
　・権利の帰属について争いがある不動産
　・境界が明らかでない土地等
　②株式
　・譲渡制限株式
　・質権その他の担保権の目的となっているもの
　・権利の帰属について争いがあるもの等
*2 物納劣後財産とは以下に当てはまる財産のことです。
　・地上権，永小作権若しくは耕作を目的とする賃借権等が設定されている土地
　・法令の規定に違反して建築された建物およびその敷地
　・道路に2m以上接していない土地
　・納税義務者の居住の用または事業の用に供されている建物およびその敷地
　・市街化区域以外の区域にある土地
　・事業の休止をしている法人の株式等

④物納をしようとする相続税の納期限または納付すべき日（物納申請期限）までに，物納申請書に物納手続関係書類を添付して税務署長に提出すること。

▌物納の許可までの審査期間

　物納申請書が提出された場合，税務署長は，物納申請期限から3ヵ月以内に許可または却下を行います。なお，申請財産の状況によっては，許可または却下までの期間を最長で9ヵ月まで延長する場合があります。

▌物納財産の価額（収納価額）

　物納財産を国が収納するときの価額は，原則として相続税の課税価格計算の基礎となったその財産の価額になります。

　なお，小規模宅地等についての相続税の課税価格の計算の特例の適用を

受けた相続財産を物納する場合の収納価額は，特例適用後の価額となります。

　物納財産の価額は相続税評価額であるため，不動産の売却価額の方が相続税評価額よりも高い場合，いったん売却して，相続税を支払った方が有利な場合もあります。

　物納を申請していても，許可が下りるまでの期間は，物納申請を取り下げることができます。

利子税の納付

　物納申請が行われた場合には，物納財産を納付するまでの期間に応じ，利子税の納付が必要になります。物納申請が許可されるまでの審査期間は利子税が免除されます。

　物納申請を却下された場合や，物納申請を取り下げた場合は納期限の翌日から，その却下または取り下げの日までの期間について，利子税がかかります。さらに，物納申請を取り下げた場合は，納期限の翌日から延滞税がかかります。利子税の割合・延滞税の割合については **4-6** を参照して下さい。

■ 利子税がかかるまでのイメージ ■

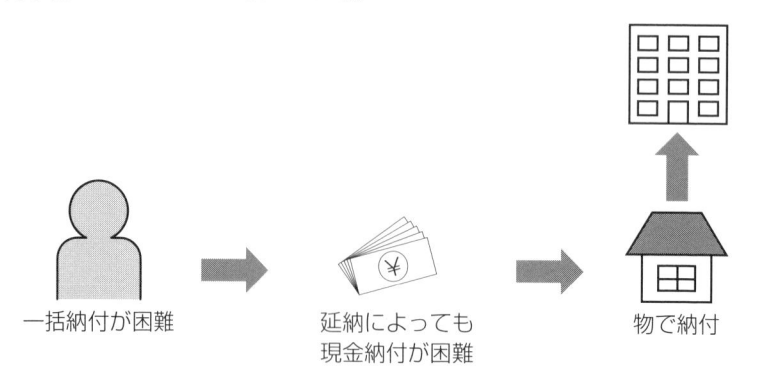

一括納付が困難 → 延納によっても現金納付が困難 → 物で納付

4-9 相続税・贈与税の納税義務者

▎相続税の納税義務者

相続税の納税義務者は，原則として，相続または遺贈により財産を取得した個人または被相続人からの贈与について相続時精算課税制度の適用を受けた個人になります。

■ 納税義務者のフローチャート ■

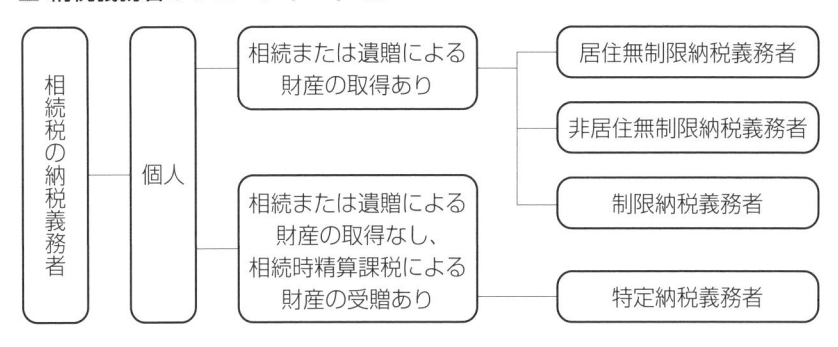

```
                    ┌─相続または遺贈による──┬─ 居住無制限納税義務者
                    │  財産の取得あり        │
相続税の  ─ 個人 ─┤                        ├─ 非居住無制限納税義務者
納税義務者          │                        │
                    │                        ├─ 制限納税義務者
                    └─相続または遺贈による──┤
                       財産の取得なし，      │
                       相続時精算課税による  └─ 特定納税義務者
                       財産の受贈あり
```

⦿ 居住無制限納税義務者

居住無制限納税義務者とは，相続または遺贈により財産を取得した個人で，その財産を取得したときにおいて，**日本国内に住んでいる者**をいい，その取得財産はどこにあっても，その**取得財産の全部について納税義務**があります。

⦿ 非居住無制限納税義務者

非居住無制限納税義務者とは，相続または遺贈により財産を取得した次に掲げる個人で，その財産を取得したときにおいて，**日本国内に住んでいな**

い者をいい，その取得財産はどこにあっても，その取得財産の全部について納税義務があります。

 ①日本国籍がある個人（その個人または被相続人がその相続の開始前5年以内のいずれかのときにおいて日本国内に住んでいた場合に限る）

 ②日本国籍がない個人（被相続人がその相続開始のときにおいて日本国内に住んでいた場合に限る）

◉制限納税義務者

 制限納税義務者とは，相続または遺贈により財産を取得した個人で，その財産を取得したときにおいて日本国内に住んでいない者（非居住無制限納税義務者を除く）をいい，その取得財産のうち，日本国内にあるものについてのみ納税義務があります。

◉特定納税義務者

 特定納税義務者とは，相続または遺贈により財産を取得しなかった個人で，被相続人から相続時精算課税の適用を受ける財産を贈与により取得していた者をいい，その相続時精算課税の適用を受けた財産について納税義務があります。

■ 各納税義務者の課税財産 ■

被相続人贈与者（国籍を問わない） \ 相続人受遺者受贈者	日本国内に住所あり	日本国内に住所なし		
		日本国籍あり		日本国籍なし
		5年以内のある時点で日本国内に住所あり	5年を超えて日本国内に住所なし	
日本国内に住所あり		居住無制限納税義務者 / 全世界財産に課税	非居住無制限納税義務者 / 全世界財産に課税	
日本国内に住所なし	5年以内のある時点で日本国内に住所あり			
	5年を超えて日本国内に住所なし			日本国内の財産のみに課税 / 制限納税義務者

贈与税の納税義務者

　贈与税の納税義務者は，贈与により財産を取得した個人であり，その納税義務者は，贈与により財産を取得したときに成立します。

　贈与税の納税義務者は，財産取得のときの住所，日本国籍の有無などにより，居住無制限納税義務者，非居住無制限納税義務者または制限納税義務者に区分され，その区分に基づき贈与税の課税財産の範囲が異なります。

財産の所在と納税義務の範囲

　居住無制限納税義務者および非居住無制限納税義務者は，取得財産の全部について財産の所在とは関係なく，相続税または贈与税が課税される。制限納税義務者は，その取得財産のうち日本国内にあるものに対してのみ相続税または贈与税が課税されることから，その取得財産の所在がどこであるかの判定は，納税義務の有無や範囲を判定する上で必要になります。

　相続税法では，財産の所在についての規定が設けられており，主な財産の所在地は次のとおりになります。

■ 各財産の納税義務の範囲 ■

財産の種類	財産の所在
動産または不動産	動産（現金を含む）または不動産の所在（ただし，船舶または航空機は，それらの登録をした機関の所在）
金融機関に対する預貯金等	受入れをした営業所または事業所の所在
保険金	保険契約に係る保険会社の本店または主たる事務所の所在
退職手当金等	支払った者の住所または本店若しくは主たる事務所の所在
貸付金債権	債務者の住所または本店若しくは主たる事務所の所在
社債，株式または出資	社債・株式の発行法人または出資されている法人の本店若しくは主たる事務所の所在
国債または地方債	日本国内
外国または外国の地方公共団体の発行する公債	その外国

※ 財産の所在の判定は，その財産を相続，遺贈または贈与により取得したときになります。

第5章

生前対策

5-1 贈与税率の改正

　相続税の改正に伴い，贈与税の税率も引き上げられ平成27年1月1日以降，最高税率が50％から55％になりました。

　また，①特例税率（直系尊属から20歳以上の子・孫への贈与に適用）と②一般税率（上記①以外の贈与に適用）の2通りの税率になり複雑化していますが特例税率を使うとかなり有利に贈与ができます。

　相続税に比べ贈与税の税率は非常に高いものとなっています。相続税で最高税率の55％に達するのは6億円超ですが，贈与税の一般税率では3,000万円超の贈与で最高税率の55％に達してしまいます。

■ 贈与税と相続税の比較表 ■

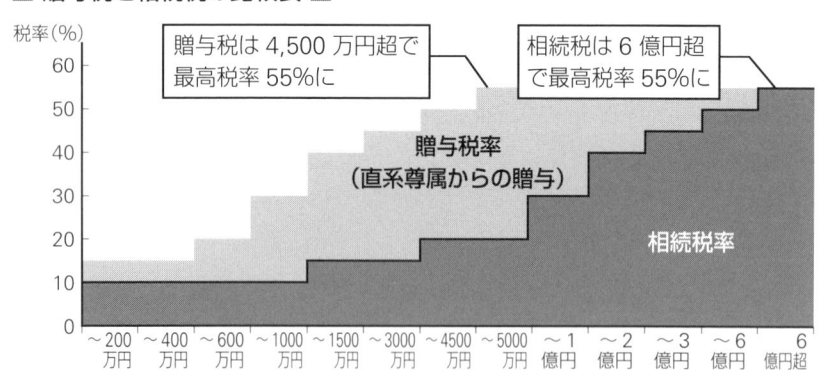

基礎控除の額も相続税と贈与税では大きく違います。

相続税の基礎控除 ＝ 3,000万円 ＋ 法定相続人の人数 × 600万円

贈与税の基礎控除 ＝ 年間110万円

第5章 生前対策

このように相続税より贈与税の方が不利なようですが，生前対策として特例（住宅取得資金の贈与（5-7参照）や贈与税の配偶者控除（5-8参照））を使うと控除枠が広がり，節税につながることもあります。

■ 贈与税の速算表 ■

一般税率			特例税率		
右記以外の通常の場合			直系尊属➡20歳以上の者の場合		
基礎控除および配偶者控除後の課税価格	税率	控除額	基礎控除および配偶者控除後の課税価格	税率	控除額
200万円以下	10%	—	200万円以下	10%	—
300万円以下	15%	10万円	400万円以下	15%	10万円
400万円以下	20%	25万円	600万円以下	20%	30万円
600万円以下	30%	65万円	1,000万円以下	30%	90万円
1,000万円以下	40%	125万円	1,500万円以下	40%	190万円
1,500万円以下	45%	175万円	3,000万円以下	45%	265万円
3,000万円以下	50%	250万円	4,500万円以下	50%	415万円
3,000万円超	55%	400万円	4,500万円超	55%	640万円

一般税率と特例税率の比較計算

500万円の贈与をした場合，特例税率（直系尊属から20歳以上の子・孫への贈与）と一般税率（それ以外）を比較するための計算式は下記のとおりです。

〈特例税率の場合〉

$$\{(500万円 - 110万円) \times 15\%\} - 10万円 = 48.5万円$$

〈一般税率の場合〉

$$\{(500万円 - 110万円) \times 20\%\} - 25万円 = 53万円$$

5-2 贈与の相続時精算課税制度と暦年課税との比較

　贈与税の課税制度には，**暦年課税**と**相続時精算課税**の2種類があります。

　暦年課税とは受贈者ごとに年間110万円の基礎控除が設けられ，控除額を超える分には贈与を受けた年ごとに贈与税の計算（10〜55％）および納税をする一般的な課税方式です。

　相続時精算課税とは一定の要件（贈与者・受贈者・届出の必要）のもと，贈与者の生涯において2,500万円の特別控除があり，控除額を超える分には一律20％の贈与税がかかり納税する必要があります。ただし，贈与者（60歳以上の父母・祖父母）が亡くなると贈与した全額を相続財産に加算して相続税を計算し，贈与税の支払いがあれば相続税との差額を精算します。言い換えれば，特別控除の2,500万円がすべて非課税になるわけではなく，相続時に相続税として計算し直されるという納税の先送りになります。**相続時に支払った贈与税と相続税を精算**するということで相続時精算課税制度と呼ばれます。

　今回の税制改正により相続時精算課税の適用要件が拡大し，利用価値の向上が見込めるようになりました。

■ 相続時精算課税の改正点 ■

	改正前	改正後
贈与者	65歳以上の父母	60歳以上の父母・**祖父母**（直系尊属）
受贈者	20歳以上の子	20歳以上の子・**孫**

第5章 生前対策

■ **暦年課税と相続時精算課税の時系列比較** ■

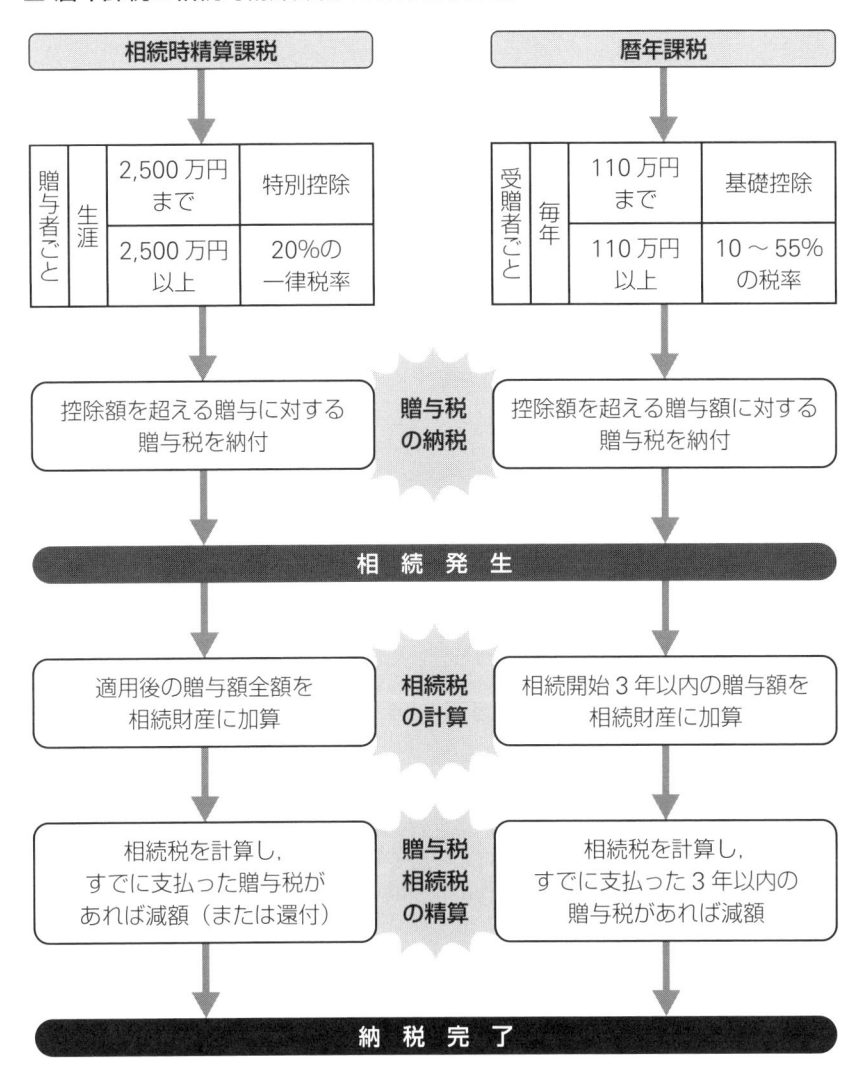

相続時精算課税

| 贈与者ごと | 生涯 | 2,500万円まで | 特別控除 |
| | | 2,500万円以上 | 20%の一律税率 |

↓

控除額を超える贈与に対する贈与税を納付

暦年課税

| 受贈者ごと | 毎年 | 110万円まで | 基礎控除 |
| | | 110万円以上 | 10〜55%の税率 |

↓

控除額を超える贈与額に対する贈与税を納付

贈与税の納税

━━━ 相 続 発 生 ━━━

適用後の贈与額全額を相続財産に加算

相続開始3年以内の贈与額を相続財産に加算

相続税の計算

↓

相続税を計算し、すでに支払った贈与税があれば減額（または還付）

相続税を計算し、すでに支払った3年以内の贈与税があれば減額

贈与税 相続税 の精算

━━━ 納 税 完 了 ━━━

■ 暦年課税と相続時精算課税の比較表（平成 27 年 1 月 1 日以降改正論点を反映） ■

		相続時精算課税	暦年課税
適用要件	贈与者	60 歳以上の父母・祖父母	制限なし
	受贈者	20 歳以上の子・孫	制限なし
	届出	必要	不要
贈与時	非課税枠	贈与者の生涯にわたり 2,500 万円（特別控除）	受贈者ごとに毎年年間 110 万円（基礎控除）
	税率	（贈与額－2,500 万円）×20%	（贈与額－110 万円）×10～55%
	計算期間	届出後相続開始まで	暦年（毎年 1/1～12/31）
	申告	贈与を受けた翌年の 2/1～3/15（非課税枠内でも必要）	贈与を受けた翌年の 2/1～3/15（非課税枠内なら不要）
	納付	控除額を超えた分の贈与があったときに納付，相続時に精算	贈与時控除額を超えた分の贈与額を納付
相続時	税金の計算	贈与額全額（贈与時の価額）を相続財産に加算して相続税の計算をする。	相続開始前 3 年以内の贈与額を相続財産に加算して相続税の計算をする。（それ以外の贈与額は相続財産とならない）
	贈与財産の価額	贈与時の価額	贈与時の価額
	過大贈与税額	還付（相続時の精算で計算した相続税より支払った贈与税が多ければ還付を受けられる）	なし
	節税効果	直接的にはなし	あり
		2,500 万円の非課税枠はあるが，すべて相続時に合算されて相続税が掛かる。ただし，贈与時の価額で計算されるため相続時に価値が値上がりしていれば間接的に節税になる。	相続開始前 3 年以内の贈与を除く贈与額は相続財産とならないので，その分の相続財産が減少し相続税の節税に繋がる。
比較	メリット	一度に大型贈与がしやすい。最適な時期を選べば，相続税の節税にもなる。	相続財産を減少させ，相続税の節税になる。
	デメリット	贈与の非課税分にも結局相続税がかかってしまう。一度この制度を選択すると，暦年課税制度が使えなくなる。	控除額以上の税負担が大きいため一度に大型贈与がしにくい。
	課税方式の変更	変更できない	変更できる

暦年課税の注意点

　この制度を活用することで受贈者（贈与を受ける人）ごとに年間110万円までは贈与税もかからず相続財産を減らし相続税の節税となります。

　ただし，相続開始前3年以内の贈与は相続税の課税対象になります。

　このため早く始めて長く続けるほど相続税の節税効果が高まります。

　また，年間110万円の非課税枠内は受贈者ごとに適用できるので，受贈者を増やし，毎年少しずつ贈与をしていけばかなりの相続税の節税になります。

　しかし最初から「毎年子供に，100万円ずつを15年間にわたり贈与する」といった内容の契約をすると連年贈与（当初から1,500万円の贈与をする予定）とみなされて多額の贈与税が課税されてしまうこともあります。

　毎年，同じ額を同じ日付に贈与をすると，連年贈与とみなされるリスクがあります。

　トラブルを避けるためには連年贈与とみなされないように次の点に注意しましょう（**5-3**参照）。

　①毎年，贈与する金額を変える

　②毎年，贈与する日付を変える

　③毎年，贈与するごとに贈与契約を結ぶ（契約書も保管する）

相続時精算課税の注意点

　相続時精算課税では，特別控除額が2,500万円までと贈与税の非課税枠が大きく，非課税枠を超える贈与税率が一律20％（暦年課税の特例税率では控除後の贈与額が600万円を超えると贈与税率が30～55％以上）と低く設定され節税に有利なようですが注意点もあります。

　まず，2,500万円までの特別控除である贈与税の非課税分も相続時には相続税の対象となってしまいます。つまり直接的には相続税の節税とはならないということです。

■ **相続時精算課税とは** ■

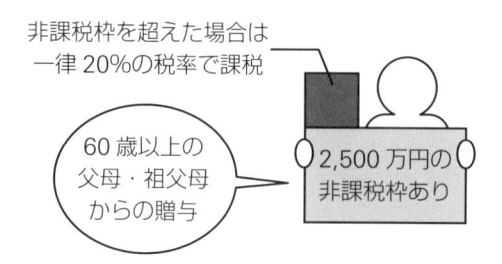

非課税枠を超えた場合は
一律20％の税率で課税

60歳以上の
父母・祖父母
からの贈与

2,500万円の
非課税枠あり

◉ メリット

①「相続財産が相続税の基礎控除内（3,000万円＋法定相続人数×600万円）におさまり相続税がかからない人には，便利な制度」だともいえます。

　相続税がかからない人が子や孫に住宅ローン軽減のため生前贈与をしても2,500万円までは非課税ですし，その分の住宅ローンの利息の負担が軽くなるのです。相続税がかからない人にとって2,500万円までは非課税で相続を待たずに遺産の前渡しができるのです。

②相続時に2,500万円の非課税分を含めた贈与額全額が精算されますが，この贈与額は贈与時の価額で計算されます。相続時に値上がりが予想される財産をおもちの場合，相続時まで所有し相続時の時価で相続税を評価するよりも，この制度で子や孫に生前贈与し相続時に精算するにしても贈与時の低い時価で評価される方が有利な場合があります。

　例えば，今後開発が計画され値上がりが期待できそうな土地があれば，この制度でその土地を生前贈与しておけば，2,500万円から5,000万円に土地の時価が値上がりすればその差額の2,500万円の相続財産を圧縮し節税できたことになります。

　同じように，**上場準備中の未公開株式**や成長が見込まれる**上場株式**もこの制度を利用し間接的に相続税を節税することもできます。中でも**上場準備中の未公開株式**は上場前と上場後の価格差が大きくなるためこの制度を活用した相続税の節税は大変に有効であると考えられています。

③賃貸マンション等の収益を得られる物件をこの制度を利用して贈与しておくと，収益分は贈与者の財産ではなくなり相続税の節税につながります。

まとめると相続時精算課税のメリットは以下のとおりです。
①受贈者（相続人）の現在の負担を軽減できる
②値上がりする財産は間接的に相続税の節税ができる
③収益が得られる財産は間接的に相続税の節税ができる

◉デメリット
①暦年課税に戻ることができない
　一度，相続時精算課税を選択すると暦年課税への変更ができなくなります。
　相続税がかからない人は相続時精算課税も有効ですが，相続税の発生が見込まれる方には暦年課税の方が節税効果になることがあります。途中で事情が変わっても相続時精算課税から暦年課税への変更はできませんので，将来を見極め慎重に選択する必要があります。
②　親（贈与者）よりも子（受贈者）が先に死亡した場合
　親から子へ相続時精算課税贈与がなされ，子が先に死亡した場合，子から孫への相続時に贈与済の財産にも相続税がかかります。この納税義務は子の相続人である孫が負います。その後，親が死亡した相続時には贈与した財産を相続税の計算に含めます。本来，この相続税は子が負担すべきですが死亡しているので孫に納税義務が発生します。孫にとってみれば同じ1つの財産につき二重に課税される可能性があります。（ある財産について相続時精算課税贈与がなければ，子に贈与財産の移転がなく，孫は親（孫からは祖父母）の相続時に子の代襲相続人として一度相続税の負担を負うだけです）

③　贈与時の時価で固定される

　贈与時よりも相続時の時価が値上がりすればメリットになりますが，贈与時よりも相続時の価値が下がればデメリットとなります。

　相続税の計算で贈与額を加算しますが，この贈与額は「贈与時の価額」なので贈与時よりも相続時の価額が下がっていても「贈与時の価額」を相続税の計算に含めなければなりません。節税どころか相続税の増大になることもあります。

④小規模宅地等の特例の対象とならない

　小規模宅地等の特例の対象は「相続」または「遺贈」に限定されます。

　相続時精算課税による贈与は「相続」または「遺贈」に該当せず特例の対象となりません。

　自宅敷地を「相続」で取得すれば，特定居住用宅地として評価額が8割減の対象であったのに，相続時精算課税による贈与をしたために特例の適用外となり相続税が増えてしまったということもあります。

相続時精算課税のデメリットをまとめると以下のとおりです。
①暦年課税に戻れない
②受贈者が先に死亡すれば，その承継者の負担が増えることがある
③相続時に値下がりすれば，相続税の負担が増える
④小規模宅地等の特例から除外され，税負担が増えることがある

　相続時精算課税を選択する際には，メリット・デメリットをよく検討し，将来の展望も見据えた慎重な判断が必要です。詳細は専門家に相談することをおすすめします。

コラム3　養子縁組

　相続対策の代表として,「養子縁組」があります。「養子縁組」により相続人が増え,①基礎控除額が増える（相続人が1人増えると600万円の基礎控除額が増える）,②適用税率が下がる（相続人1人あたりの法定相続分が少なくなるので,適用税率が低くなる）,③生命保険・死亡退職金の非課税枠が広がる（相続人が1人増えると500万円の非課税枠が広がる）といった節税効果があります。

　ただし,孫を養子にした場合その相続分の相続税が2割加算されます（通常の養子は加算なし）。租税回避のための一代飛ばしの相続に対するルールです。

　また,相続税の計算において養子の数には制限があります。実子がいる場合「1人まで」,実子がいない場合「2人まで」です。養子が複数いる場合も上記の制限内しか相続税の計算の対象になりません。

5-3　暦年贈与と名義預金

　相続対策において有効な手段として暦年贈与があります。暦年贈与とは，受贈者（受け取る人）ごとに年間110万円までは非課税とされる贈与です。

　妻と子，孫2人の合計4人に年間110万円を10年間贈与すると4,400万円，20年間で8,800万円が非課税で贈与でき，贈与額が相続財産から減額されるので相続税の節税にも繋がります。

　ただし，相続開始前3年間の贈与は相続財産として相続税の対象となる場合があります。

　年間110万円の非課税制度は，暦年贈与と認められて適用されるものです。暦年贈与と認められず注意が必要なものに名義預金と連年贈与があります。

▍名義預金

　名義預金とは，家族名義の預金であっても実質的には被相続人の財産であった場合，家族の財産ではなく相続財産とみなされ相続税の対象となるものです。

　家族名義の口座を開設し，暦年贈与のつもりで毎年非課税枠の金額を預金し，節税に努めていても名義預金とみなされると相続税の対象となります。

　名義預金の典型例は，幼い孫名義の預金口座を開設し，定期的に積立をしていたケースです。この場合，孫は預金口座の存在を知らず，通帳・銀行印の管理も祖父がしていたとして実質的には祖父の財産として相続税の対象となります。

　名義預金とみなされないためには預金の発生原因を説明できる必要があります。

正式に贈与を受けたものならば，それを証明するために下記の点に留意が必要です。
①贈与の度に贈与契約書を作成する
②受贈者の口座に銀行振込で入金し証拠を残す
③受贈者本人が口座開設し，通帳・銀行印・カードの管理をする

連年贈与

連年贈与とは，暦年贈与と認められず贈与初年度に贈与があり，支払が分割になったという考え方です。

毎年100万円ずつ10年間贈与していった場合，毎年年間110万円の非課税枠内で贈与税がかからないように思えますが，連年贈与とみなされると初年度に1,000万円の贈与があり，1,000万円－110万円（非課税枠）＝890万円が課税対象となり贈与税がかかります。

連年贈与とみなされないためには下記の点に留意が必要です。
①毎年，贈与する金額を変える
②毎年，贈与する日を変える
③毎年，贈与をするごとに贈与契約を作成する
④受贈者の口座に銀行振込で入金し証拠を残す
⑤ときには110万円を超える贈与をし，贈与税申告をする等の記録を残す

相続税の税務調査

名義預金と判定されるのは，相続税の税務調査のときです。税務調査は相続税の申告書をもとに被相続人の取引金融機関等に被相続人本人とその家族名義の預金口座の有無や取引状況の照会をします。そこで被相続人の生前に被相続人と家族名義の口座間で預金の移動を発見し，相続税の申告書に家族名義の預金が計上されていないことを確認します。そして実地調査を行い名義預金とみなされれば相続税の申告漏れを指摘され，相続税の

追徴・延滞税の対象となります。

　このように税務調査のときには被相続人の取引金融機関等に照会がなされ，過去5年間程は遡って取引状況が調査されます。その際，相続直前に多額の預金を引き出し，それを相続財産に含めていない場合，相続税の申告漏れを指摘されれば，相続税の追徴・延滞税の対象となります。

■ 贈与契約書の文例 ■

贈与契約書

　贈与者〇〇〇〇（以下甲という」）と受贈者〇〇〇〇（以下乙という）は，本日，次の通り贈与契約を締結した。

　甲は，乙に対し，下記の金員を贈与し，乙はこれを受諾した。

　　　　現金　　金〇〇〇〇円

　上記合意の上，これを証するものとして本契約書2通を作成し，甲乙が各1通を保管するものとする。

　　　平成〇〇年〇月〇日
(甲)
　贈与者　（住所）東京都文京区〇〇〇〇〇〇
　　　　　（氏名）〇〇〇〇　㊞

(乙)
　受贈者　（住所）東京都文京区〇〇〇〇〇〇
　　　　　（氏名）〇〇〇〇　㊞

5-4 生前贈与での相続対策

相続対策として生前贈与を活用することは比較的容易で有益です。
下記の点に留意して対策をすれば，さらに効果が高まります。

孫への生前贈与

年間110万円の非課税枠を利用した贈与は，中期・長期的にはかなりの額の節税効果をあげますが，短期的には注意が必要です。相続開始前3年以内の贈与は相続財産に持ち戻されて相続税が課税される規定があるためです。ただし，この規定は相続人でない者への贈与については適用されません。つまり，相続人でない孫への贈与は相続開始前3年以内であっても相続財産への持ち戻しはありません。

高齢の方など相続対策にあまり時間がない方でも，孫への生前贈与をすることで短期でも確実に相続対策ができます。

例えば，高齢の祖父が孫6人に毎年100万円ずつ3年間にわたり贈与すると合計で1,800万円が非課税で贈与でき，相続財産が減ることによって相続税の節税にもなります。贈与する相手（受贈者）が相続人である妻や子ならば，相続開始前3年以内の贈与額を相続財産に持ち戻し相続税が掛かるので，贈与税の非課税枠は利用できても相続税の節税にはなりません。

また，孫への贈与は祖父の相続時に節税になるだけでなく，相続税を一代回避しさらなる節税効果があるといわれます。つまり，相続とは親から子，子から孫へと財産が相続される度に相続税が課されるのですが，祖父から孫へと贈与されるとその財産額は子から孫への相続財産には含まず，相続税が一世代飛ばして回避されるのです。

相続対策としての贈与には不動産が有利

　現金を贈与する場合は現金の価額に贈与税が掛かりますが、不動産を贈与した場合に贈与税の課税対象となるのは取引価額としての時価や建築に要した額ではありません。

　土地については「路線価」や「固定資産税評価額×倍率」をもとに計算しますが、この評価額は市場価格の約70％から80％程度になります。

　建物については固定資産税評価額が課税対象ですが、この固定資産税評価額は建築額の約60％程度になります。

　例えば、現金で8,000万円を贈与すれば、贈与税は約3,760万円（特例税率　平成27年1月1日以降施行）になります。一方、この現金8,000万円で5,000万円の土地を購入し、建築費3,000万円の建物を新築した上で、その土地と建物を20歳以上の子に贈与すれば贈与税は軽減されます。土地の評価額は5,000万円×80％＝4,000万円となり、建物の評価額は3,000万円×60％＝1,800万円となるので、合計5,800万円の評価額に贈与税が課税されると約2,550万円になります。現金に比べ1,210万円も贈与税が節税できることになります。

収益不動産の生前贈与

　親が収益不動産（賃貸アパート）を所有していると、その家賃収入は親の財産であり、相続財産が増え相続税が高くなる傾向にあります。そこで、**この賃貸アパートを子に生前贈与すると、家賃収入は子の財産となり親の相続財産の増加が防げます。**

　また、賃貸アパートを子に生前贈与することで親の所得の分散効果もあります。高所得の親から低所得の子に（賃貸）収入の一部を移すことで所得税・住民税の節税効果もあります。

　このような不動産等の高額になる贈与には「相続時精算課税制度（**5-2** 参照）」を利用して2,500万円までは一時的に非課税、2,500万円を超える贈与額には一律20％の贈与税負担という選択も有効です（**5-10** 参照）。

5-5 相続税と贈与税の損益分岐点

　親から子への財産の承継において，生前贈与と相続のどちらが有利か検討してみます。
　この判定のためには，相続税の実効税率と贈与税の実効税率から考えていきます。
　相続税の実効税率とは，実際の相続財産の評価額に占める相続税額の割合のことをいいます。贈与税の実効税率とは，実際の贈与財産の評価額に占める贈与税額の割合のことをいいます。
　贈与税の実効税率が相続税の実効税率を下回る範囲の贈与であれば，概ね相続よりも生前贈与が有利と判断できます。この下回る範囲の贈与なら，多少の贈与税を負担しても相続税の節税のため生前贈与が有利といえます。
　配偶者と実子2人で遺産総額が2億円の場合，下表の相続税の実効税率より相続税の実効税率は13.5％となります。この13.5％より低い値での最高値を贈与税の実効税率で求めると11.3％となり，その場合の贈与財産の評価額は600万円になります。したがって，600万円までの贈与は相続税額より，贈与税額が低くなります。

■ 相続税の実効税率 ■

①相続財産の評価額	②相続税額	実効税率 (②／①)
0.5 億円	20 万円	0.4%
1 億円	630 万円	6.3%
1.5 億円	1,495 万円	10.0%
2 億円	2,700 万円	13.5%
2.5 億円	3,970 万円	15.9%
3 億円	5,720 万円	19.1%
3.5 億円	7,470 万円	21.3%
4 億円	9,220 万円	23.1%
4.5 億円	10,985 万円	24.4%
5 億円	13,110 万円	26.2%

■ 贈与税の実効税率　特例税率 ■

①贈与財産の評価額	②贈与税額	実効税率 (②／①)
200 万円	9 万円	4.5%
400 万円	33.5 万円	8.4%
600 万円	68 万円	11.3%
1,000 万円	177 万円	17.7%
1,500 万円	366 万円	24.4%
3,000 万円	1,035.5 万円	34.5%
4,500 万円	1,780 万円	39.6%
5,000 万円	2,049.5 万円	41.0%

※20歳以上の子への贈与における特例税率の値で計算しています。

第 5 章　生前対策

■ 相続税と贈与税の損益分岐点の比較表 ■

課税遺産総額　1 億円，2 億円，5 億円の場合

課税遺産総額	相続人数	子供の取得金額	相続人の内訳	受贈者の年齢	相続税・贈与税の税率	贈与税の方が低くなる贈与額
1 億円	2 人	5,000 万円	配偶者と実子 1 人	20 歳以上	20%	600 万円+110 万円
1 億円	2 人	5,000 万円	配偶者と実子 1 人	20 歳未満	20%	400 万円+110 万円
1 億円	3 人	2,500 万円	配偶者と実子 2 人	20 歳以上	15%	400 万円+110 万円
1 億円	3 人	2,500 万円	配偶者と実子 2 人	20 歳未満	15%	300 万円+110 万円
2 億円	2 人	1 億円	配偶者と実子 1 人	20 歳以上	30%	1,000 万円+110 万円
2 億円	2 人	1 億円	配偶者と実子 1 人	20 歳未満	30%	600 万円+110 万円
2 億円	3 人	5,000 万円	配偶者と実子 2 人	20 歳以上	20%	600 万円+110 万円
2 億円	3 人	5,000 万円	配偶者と実子 2 人	20 歳未満	20%	400 万円+110 万円
5 億円	2 人	2 億 5,000 万円	配偶者と実子 1 人	20 歳以上	45%	3,000 万円+110 万円
5 億円	2 人	2 億 5,000 万円	配偶者と実子 1 人	20 歳未満	45%	1,500 万円+110 万円
5 億円	3 人	1 億 2,500 万円	配偶者と実子 2 人	20 歳以上	40%	1,500 万円+110 万円
5 億円	3 人	1 億 2,500 万円	配偶者と実子 2 人	20 歳未満	40%	1,000 万円+110 万円

　この表の見方は，例えば財産が 2 億円で配偶者と 20 歳以上の子供が 2 人いる場合，法定相続分で相続したとすると 1 人の子供が相続する財産は 5,000 万円となります。5,000 万円を相続税の速算表に当てはめると，相続税は 20%になります。贈与の特例税率の速算表で 20%に該当する箇所をみると，贈与額は 400 万超 600 万円以下となります。600 万円以下の贈与なら相続の場合と税率が変わりません。

5-6 祖父母などから教育資金の一括贈与を受けた場合の贈与税の非課税制度

「平成25年4月1日から平成31年3月31日までの間に、両親や祖父母等（贈与者）から30歳未満の子・孫（受贈者）名義の金融機関の口座等に教育資金を一括して贈与した場合には、この資金について、子・孫ごとに1,500万円＊まで非課税とする制度」です。

具体的には、贈与された資金を、金融機関において子・孫名義の口座等により管理し、この資金が教育費に使われることを金融機関が領収書等により確認・記録し、保存します。

＊学校等以外のものに支払われるものについては500万円を限度とします。

▌教育資金口座の開設等

この非課税制度の適用を受けるためには、教育資金口座の開設を行った上で、教育資金非課税申告書をその口座の開設等を行った金融機関を経由して、信託や預入をする日までに、受贈者の納税地の所轄税務署長に提出しなければなりません。

▌教育資金口座からの払出しおよび教育資金の支払

教育資金口座からの払出しおよび教育資金の支払を行った場合には、その支払に充てた金銭に係る領収書などのその支払の事実を証明する書類等を、次の①または②の提出期限までに教育資金口座の開設等をした金融機関等に提出する必要があります。

①教育資金を支払った後にその実際に支払った金額を教育資金口座から払い出す方法を教育資金口座の払出方法として選択した場合
……領収書等に記載された支払年月日から1年を経過する日

②①以外の方法を教育資金口座の払出方法として選択した場合
　……領収書等に記載された支払年月日の属する年の翌年3月15日

■教育資金口座に係る契約の終了

受贈者が30歳に達するなどにより，教育資金口座に係る契約が終了した場合には，教育資金支出額に残額があるときは，その残額を，その終了した年に贈与があったものとして，贈与税の申告を行うことになります。
①受贈者が30歳に達したこと
②受贈者が死亡したこと
③口座の残高がゼロになり，かつ，教育資金口座に係る契約を終了させる合意があったこと

■教育資金とは

◉学校等に対して直接支払われる金銭

学校等で使用する費用であっても，業者等に支払がなされるものは非課税の対象になりません。
①入学金，授業料，入園料，保育料，施設設備費または入学（園）試験の検定料等
②学用品費，修学旅行費，学校給食費など学校等における教育に伴って必要な費用等

◉学校等以外に対して直接支払われる金銭で社会通念上相当と認められるもの

指導を行う者を通さず個人で購入した場合は非課税の対象となりません。
①学習（学習塾，家庭教師，そろばん，キャンプなどの体験活動等）の月謝等
②スポーツ（スイミングスクール，野球チームでの指導等）の月謝等
③文化芸術活動（ピアノの個人指導，絵画教室，バレエ教室等）の月謝等

④教養の向上のための活動（習字，茶道等）の月謝等
⑤①〜④の指導で使用する物品の購入に要する金銭

Point!

▶ 贈与時に贈与税がかからない（1,500万円まで非課税）
▶ 30歳に達したときに使い切っていれば贈与税がかからない
▶ 父母や祖父母が元気なうちに一括贈与できる
▶ 暦年贈与と同時に使える

■ 教育資金の一括贈与の非課税措置の仕組み ■

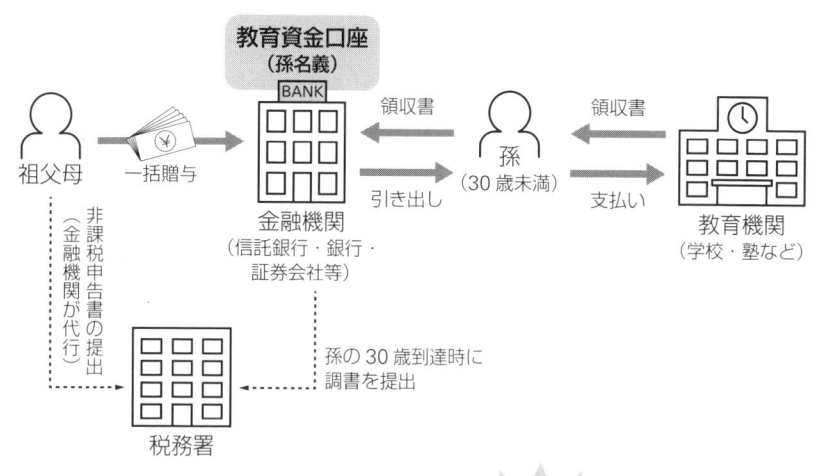

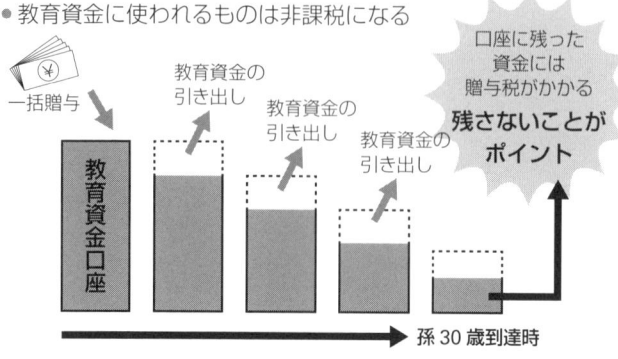

- 教育資金に使われるものは非課税になる

口座に残った資金には贈与税がかかる
残さないことがポイント

- 2013年4月1日から15年12月31日までの時限措置。追加の贈与もこの期限までならOK
- 孫1人につき1金融機関1店舗
- 教育費以外の引き出しは課税対象となる
- 1,500万円までなら1人の孫に対して，複数人が贈与することも可能

5-7 住宅取得資金の贈与税の非課税制度

　住宅取得のための資金として父母や祖父母など直系尊属から贈与を受けた場合，一定の要件を満たしていれば，一定の限度額まで非課税となる制度があります。平成27年の税制改正において以前から設けられていたこの制度がさらに平成31年6月まで延長になり，適用となる範囲も拡充されました。

　父母や祖父母の年齢に制限はありませんが，対象となる住宅については家屋の登記面積が50 m^2 以上240 m^2 以下などの要件があります。

　この制度の趣旨は，父母・祖父母世代から子・孫世代への資金移転の円滑化を通じて，若年世代を中心とした住宅投資の促進とそれに伴う経済の活性化，住環境の水準の向上を図ることにあります。

　同じ贈与の制度である暦年贈与課税制度では，相続開始前3年以内の贈与財産は相続財産に加算され相続税の課税対象になりますが，住宅取得資金の贈与税の非課税制度では，相続開始前3年以内の贈与でも相続税の対象外になります。ですのでお子様やお孫様が住宅の購入を検討されている場合は非課税限度額まで贈与を行えば相続税の節税につながります。

　また，この非課税制度は「暦年課税制度」や「相続時精算課税制度」との併用が可能で，その分非課税枠が広がります。下記の条件に当てはまるか，また実際に居住を開始する日，贈与を行う日などを慎重に検討する必要があります。

■ 住宅取得資金の贈与税の非課税制度の要件 ■

贈与者の要件	・父母・祖父母（年齢制限なし）
受贈者の要件	・子・孫（20歳以上：贈与年の1月1日において） ・合計所得金額が2,000万円以下
取得物件の要件 新築	・床面積 50 m² 以上 240 m² 以下 ・店舗併用住宅の場合，1／2以上が住宅
取得物件の要件 中古	・建築後，住宅として使用されたもの ・床面積 50 m² 以上 240 m² 以下 ・店舗併用住宅の場合，1／2以上が住宅 ・マンション等 ➡ 25年以内，木造 ➡ 20年以内に建築されたもの
取得物件の要件 増改築	・床面積 50 m² 以上 240 m² 以下 ・工事費用が100万円以上，居住用部分の工事費が1／2以上 ・店舗併用住宅の場合，1／2以上が住宅
居住要件	・贈与年の翌年3月15日までに居住，または遅滞なく居住することが確実なこと
申告要件	・納税額がない場合でも，翌年3月15日までに贈与税の申告書と添付書類を税務署に提出することになります

　非課税となる価額は契約年によって更新され，「省エネ等住宅」か「それ以外の住宅」かによっても非課税限度額は異なります。
　省エネ等住宅とは下記の住宅になります。
①省エネルギー性の高い住宅
　（断熱等性能等級4または一次エネルギー消費量等級4）
②耐震性の高い住宅
　（耐震等級（構造躯体の倒壊等の防止）2以上または免震建築物）
③バリアフリー性の高い住宅
　（高齢者配慮対策等級3以上）

｝左記のいずれかの性能を満たす住宅

住宅取得資金の贈与税の非課税限度額

契約年	消費税10%が適用される方 省エネ等住宅	消費税10%が適用される方 左記以外の住宅	左記以外の方* 省エネ等住宅	左記以外の方* 左記以外の住宅
平成27年			1,500万円	1,000万円
平成28年1月～平成28年9月			1,200万円	700万円
平成28年10月～平成29年9月	3,000万円	2,500万円	1,200万円	700万円
平成29年10月～平成30年9月	1,500万円	1,000万円	1,000万円	500万円
平成30年10月～平成31年6月	1,200万円	700万円	800万円	300万円

* ▶ 消費税率8％の適用を受けて住宅を取得した方のほか，個人間売買により中古住宅を取得した方。
▶ 平成28年9月以前に「左記以外の方」の欄の非課税限度額の適用を受けた方は，再度「消費税率10％が適用される方」の欄の非課税限度額の適用を受けることができます。さらに贈与を受けてリフォームをするようなケースがこちらに該当します。
▶ 上記につきましては，契約年がいつであるかということも大切ですが，契約書の消費税が8％か10％かということが重要になってきます。契約書をご確認の上，非課税限度額を計算するようにしてください。

請負契約に係る消費税の適用関係

消費税率が平成29年4月から10％に引き上げられることになりましたが，建物の建築は，契約して引渡しまでに長期に渡ることが多く，税率はいつの時期のものが適用されるかが問題になります。

原則は，住宅の引渡時期が平成29年4月1日以降のものは消費税率が10％となりますが，例外的な取り扱いとして平成28年9月30日までに契約を行ったものについては，住宅の引渡時期が平成29年4月1日以降であっても消費税率は8％になります。

例 長男Aが平成29年4月に父から4,000万円の住宅取得資金の贈与を受け，省エネ等住宅を建て，平成30年の3月15日までにその住宅に居住しています。
この場合の贈与税は

$$\left(4,000万円 - 3,000万円 - \underset{(基礎控除額)}{110万円}\right) \times 30\% - 90万円 = 177万円$$

となります。

■ 贈与に関する課税制度の比較 ■

	㋑*1		㋺*1
	暦年課税制度	相続時精算課税制度	住宅取得等資金非課税特例
贈与者	制限なし（親族以外の第三者も可）	父母・祖父母*2（60歳以上：その年1月1日において）	直系尊属（年齢制限なし）
受贈者	意思表明可能な人（年齢制限なし）	子・孫*2（20歳以上：その年1月1日において）	直系卑属（20歳以上：その年1月1日において）合計所得2,000万円以下
控除額（非課税枠）	基礎控除（毎年）年110万円	特別控除（累計）2,500万円	（下表参照）
税率	毎年控除超過額に10〜55%*3	累計して控除超過額に一律20%	非課税枠超過部分に暦年課税、相続時精算課税それぞれのしくみで課税
手続	贈与の翌年3月15日までに申告（基礎控除額以下なら申告不要）	贈与の翌年3月15日までに申告	贈与の翌年3月15日までに申告
相続発生時の相続財産への加算	相続開始前3年以内の贈与は（贈与税基礎控除分も）相続財産に加算（贈与時の贈与税額は相続財産から控除）	贈与財産全額を贈与時の価額で相続財産に加算（すでに納付した贈与税額は控除または還付）	非課税の特例のため、相続財産への加算なし
適用期限	なし	なし	平成31年6月30日までの贈与

住宅取得等資金非課税特例 控除額：

住宅用の家屋の新築等に係る契約の締結日	省エネ等住宅	左記以外の住宅
平成27年12月31日まで	1,500万円	1,000万円
平成28年1月1日から平成29年9月30日まで	1,200万円	700万円
平成29年10月1日から平成30年9月30日まで	1,000万円	500万円
平成30年10月1日から平成31年6月30日まで	800万円	300万円

*1 ㋑と㋺は併用可能。㋑どうしは選択適用。
*2 平成26年以前は「贈与者は65歳以上の父母」「受贈者は20歳以上の子」に限られます。
*3 平成26年以前は10〜50%です。

5-8 贈与税の配偶者控除

　贈与税の配偶者控除とは婚姻期間が20年以上の配偶者から，居住用不動産または居住用不動産を取得するための金銭の贈与が行われた場合，基礎控除110万円の他に最高2,000万円まで控除ができるという制度です（ただし，不動産取得税，登録免許税，司法書士の手数料等の費用はかかります）。

　控除が受けられるのは同じ配偶者について一生に1度しか適用できません。例えば今年，1,700万円使って残りが300万円あるからといって翌年に繰り越すことはできません。

　通常，生前贈与された財産の内，相続開始前3年以内に贈与されたものについては，相続財産にプラスして計算しなければなりません（**4-2**参照）。

　しかし，贈与税の配偶者控除により贈与された財産は，相続開始前3年以内であっても相続税を計算するときにプラスされません。

　適用要件をまとめると以下のとおりです。

①夫婦の婚姻期間が20年を過ぎた後に贈与が行われること
②配偶者から贈与された財産が，自分が住むための国内の居住用不動産または居住用不動産を取得するための金銭であること
③贈与を受けた年の翌年3月15日までに居住用不動産を取得して，なおかつそこで居住していることが必要になります。また，その後も引き続き，そこで居住していく見込みであること

▌適用を受けるための手続き

　この規定の適用を受けるためには，贈与があったことを証明する書類を添付し，贈与を受けた年の翌年2月1日から3月15日までの間に贈与税の申告を行う必要があります。

配偶者控除の適用を受けて,贈与税がかからない場合でも,贈与税の申告は必要になります。

配偶者控除は行った方がよいか

　贈与税の配偶者控除を行う目的は,この規定を適用して,2,000万円まで非課税になることにより,相続財産から外れ,相続税がかからないためです。

　そもそも贈与税の配偶者控除は,小規模宅地の減額等の規定を適用して,相続税がかからない場合にはあまり必要がないと思われます。

　配偶者控除を適用すれば,贈与した部分については配偶者の名義に変更できますが,不動産取得税と不動産の登録免許税は相続と贈与の場合ではかかる税額がかなり変わってくるからです。トータルの税額を考えて,この規定を適用するか,相続までそのままにしておくか考える必要があると思います。税率については下記の表のようになります。

■ 不動産取得税と登録免許税について ■

	相続	贈与
不動産取得税	なし	固定資産税評価額の3%*
不動産の登録免許税	固定資産税評価額の0.4%	固定資産税評価額の2%

＊宅地を平成27年3月31日までに取得した場合については,固定資産税評価額の1/2が課税標準額になります。

贈与を受けた配偶者が先に亡くなった場合

　贈与を受けた配偶者が先に亡くなれば,贈与をした財産が相続により,贈与をした配偶者に戻ってくることになります。不動産の名義変更手数料がかかってくることになります。不動産取得税はかかりませんが,登録免許税は必要になります。

第 5 章　生前対策

■ 配偶者への居住用不動産の贈与 ■

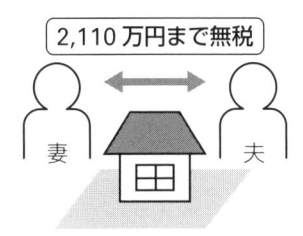

2,110 万円まで無税

妻　夫

■ 贈与税の配偶者控除による税額計算 ■

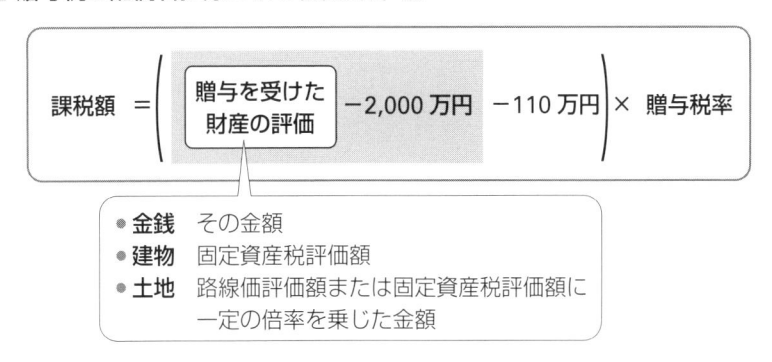

課税額 ＝（贈与を受けた財産の評価 － 2,000 万円 － 110 万円）× 贈与税率

- 金銭　　その金額
- 建物　　固定資産税評価額
- 土地　　路線価評価額または固定資産税評価額に一定の倍率を乗じた金額

例　評価額 6,000 万円の住宅について妻の持分を 5 分の 2 とする贈与登記を行った場合下記のような計算になります。

6,000 万円 × $\frac{2}{5}$ ＝ 2,400 万円
（2,400 万円 － 2,000 万円）－ 110 万円 ＝ 290 万円
290 万円 × 15% － 10 万円 ＝ 335,000 円の納税

5-9 相続人や被相続人が認知症と認められたら

　認知症とは，アルツハイマー病等により記憶機能や認知機能が低下した状態をいいます。

　認知症になると，契約行為や権利の行使，義務の負担などが制限され，相続に大きな弊害を及ぼします。

　相続において認知症により制限されることは主に下記の2点です。

①遺産分割協議ができない。

②遺言，節税，事業承継などの相続対策ができない。

▌遺産分割協議

　相続が発生し相続人の中に認知症の人がいる場合，その認知症の人を除外した遺産分割協議（相続人全員（認知症の人も含めて）の合意が必要）は無効です。

　認知症の人の意思能力（状況を理解し物事を判断する能力）の有無によって，遺産分割協議への対応は下記のようになります。

■ 認知症の場合の遺産分割協議 ■

認知症	意思能力がある場合	その相続人も参加して遺産分割協議を行う
	意思能力がない場合	成年後見人等を選任し，選任された後見人が本人に代わって遺産分割協議を行う

　認知症で意思能力がない相続人には成年後見人を選任し，その成年後見人が認知症の相続人を代理します。

　一般的に成年後見人には親族がなることが多いのですが，遺産分割協議

の場合は成年後見人（親族）と被後見人（認知症の人）が遺産に対し利益相反の関係に当たるので，この場合は「特別代理人」を家庭裁判所で選任する必要があります。

成年後見人の選任には数ヵ月程度かかり，成年後見人が選任されるまでは遺産分割協議や相続税の申告もできないので注意が必要です。

▎遺　言

認知症になってからの遺言は無効となります。特に自筆証書遺言（**3-3**参照）では作成時点での遺言者の意思能力を証明する人がなく，遺言の有効・無効を争うケースが少なくありません。公正証書遺言（**3-3**参照）では公証人等が意思能力を確認しているため，そのような問題を回避することができます。

▎相続税対策

相続税の生前対策には，不動産の売買，生命保険への加入，養子縁組などさまざまな法律行為があります。しかし認知症になるとその行為は意思能力がないとして後日無効になってしまうことがあります。有益な相続対策があっても，認知症になるとその実行が難しくなります。

成年後見制度の活用も考えられますが，この制度の趣旨は認知症の人の財産を保全し，認知症の人を守ることにあります。不動産を売却したり節税対策をすることはご本人の財産を減らすことになるので，成年後見制度では認められません。不動産の売買や資産の処分など重大な法律行為を行う場合，事前に家庭裁判所での審査が必要なことからも，**成年後見制度を活用した生前対策は非常に困難を伴います**。

5-10 収益物件を子や孫に贈与する

▎親が賃貸物件をもっている場合に事前にしておくこと

　親の名義で保有する高収益の賃貸不動産物件がある場合は，そのまま保有し続けると生前に毎年不動産賃貸による収入分の財産が増えて行くことになり，最終的に相続財産が増えることになります。また不動産所得などにより所得税の負担も重くなります。それをなるべく早いうちに子や孫に贈与しておくことで相続財産を減らし，所得税の負担も少なくおさえることができます。

　また現預金をそのまま贈与するよりもアパートなどの賃貸住宅を購入もしくは建築したりしてその不動産物件を贈与する方が贈与時の贈与財産の評価額を現預金に比べ下げることが可能になります。

▎贈与財産の価格

　生前に贈与する場合の「贈与財産の価格」は一般的に不動産の時価ではなく「相続税評価額」で評価することになります。そのためすでに賃貸している土地付きの建物であれば通常建築費用の70％程で固定資産税評価額が評価され，さらに借家権割合の30％（前章参照）が適用されるため，通常の時価に比べて相続税評価額の方が相対的に低くなります。

▎不動産収入を子や孫に帰属させる方が有利

　また贈与税を支払う金銭が子供にない場合も，相続時精算課税制度（前章参照）で2,500万円の範囲内であれば贈与税を支払うことなく不動産を親から子や孫に移転でき，その後の不動産収入は子や孫に帰属させることができます。

土地と建物のどちらの不動産を贈与するか

また土地と建物両方を贈与すれば必然的に贈与財産の価格は上がります。そこで「土地だけは親の名義にしたままで建物だけ贈与」をすることにします。その場合でも不動産からの収入は子供に帰属させることになります。毎年の収入分ずつ蓄積されるであろう親の相続財産を削減するという目的を達成することが可能になります。ただし土地部分は親が保有しているので、土地は子や孫が借りていることになります。その使用貸借（無償での賃貸）に伴って発生する固定資産税相当額以下の地代は支払う必要があります。ただそれを支払ったとしても不動産賃貸収入をすべて子や孫が受け取れるので親の相続財産の削減にはつながるのです。

■ 現預金で賃貸不動産を取得した場合 ■

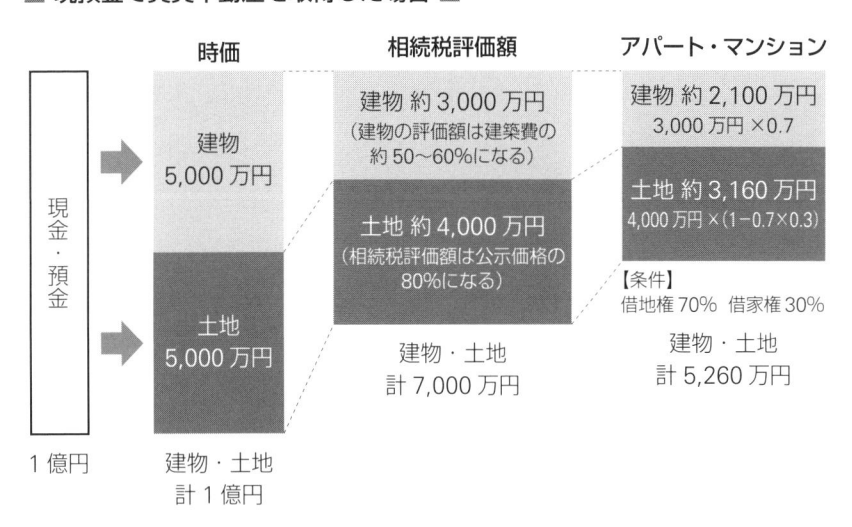

時価
- 現金・預金 1億円
- 建物 5,000万円
- 土地 5,000万円
- 建物・土地 計1億円

相続税評価額
- 建物 約3,000万円（建物の評価額は建築費の約50〜60％になる）
- 土地 約4,000万円（相続税評価額は公示価格の80％になる）
- 建物・土地 計7,000万円

アパート・マンション
- 建物 約2,100万円　3,000万円×0.7
- 土地 約3,160万円　4,000万円×(1−0.7×0.3)
- 【条件】借地権70％　借家権30％
- 建物・土地 計5,260万円

5-11 生命保険の活用のメリット

　生命保険の活用では一般的に大きく分けて3つの効果があります。
　まず①財産評価を引き下げることで納税額を圧縮できる，次に②納税資金の確保ができる，そして最後に③遺産分割の対策ができることです。

▌財産評価を引き下げることで納税額を圧縮

　まずメリットとして被相続人が亡くなったときに生命保険に加入していれば，2-8で説明したとおり保険料の全部または一部が被相続人が負担していたものにかかる死亡保険金は相続税の課税対象になります。しかし保険金に対しては非課税枠があり法定相続人の数×500万円分は保険金額から控除することができます。

> 500万円 × 法定相続人の数＝非課税限度額

※ 相続人以外の人が取得した死亡保険金には非課税の適用はありません。

例

　例えば死亡保険金5,000万円で法定相続人3人のケースでは以下のようになります。

　　死亡保険金5,000万 − 500万円 × 3人（法定相続人） ＝ 3,500万（課税財産）

　例えば現金5,000万円を保有するよりも，生命保険に加入していれば亡くなったときに5,000万円を受け取ることで法定相続人の数×500万円が5,000万から控除できますので課税財産総額を減少させることができ，その分相続税の負担も減ることになるのです。

■「現金」と「生命保険金」の相続税評価額（法定相続人が妻と子ども2人の場合）

【現金の相続税評価額】

現金 1,500万円
↓ 相続発生
相続税評価額 1,500万円

【生命保険金の相続税評価額】

終身保険 死亡保険金 1,500万円
↓ 相続発生
相続税評価額 0万円
（▲1,500万円）

※生命保険の非課税金額
（500万円 × 法定相続人の数）による

納税資金の確保

　保険は大きく分けて定期保険・養老保険・終身保険の3種類があります。定期保険は保障が一定の期間のみ有効になります。また養老保険は保険期間は一定で，保険期間中に死亡した場合には死亡保険金が支払われ，満期時には死亡保険金と同額の満期保険金が支払われます。そして終身保険はその名前のとおり保障が亡くなるまで一生涯続く保険のことをいいます。

　要はいつ起こるか解らない相続に対して加入する保険としては終身保険が他の保険に比べ一生涯続くという点でより確実性の高いものになるということです。その終身保険において被相続人を被保険者とする契約をすると，相続時に現金を受け取ることができるので納税資金の確保に有効です。

　そして終身保険に加入するときに前章などで説明した計算式に基づき相続税の計算を概算しておくことで将来の相続税に必要な納税資金を保険金で事前に確保する対策を行うことができます。また終身保険の中で一時払いの終身保険などは当初の元本よりも運用により増やすことも可能です。

　そういった保険を活用した対策を積極的に行うことで将来いつ起こるかわからない相続に対して不動産や現預金で資産をもつよりも，①の非課税枠を加味して納税額を減額し，納税資金を確保でき，より効果的な相続対策が可能になります。

■ 一時払終身保険（積立利率変動型）（イメージ）

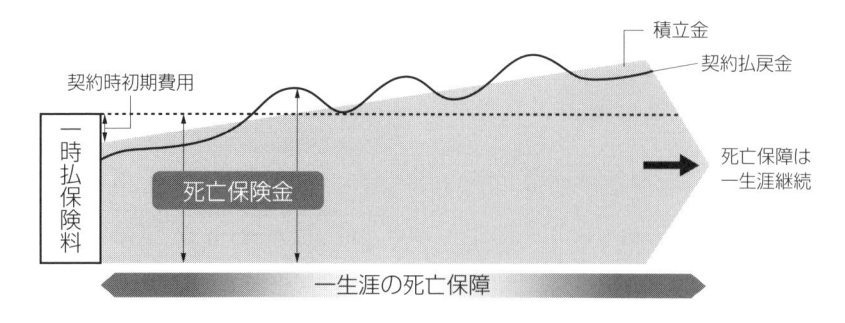

```
                                          積立金
                                          契約払戻金
      契約時初期費用
  一                                       死亡保障は
  時        死亡保険金                      一生涯継続
  払
  保
  険
  料
            一生涯の死亡保障
```

遺産分割の対策

　生命保険に加入した場合は死亡保険金の受取人を通常指定しますが生命保険金は受取人固有の財産になることから原則として遺産分割協議の対象外となります*。要は保険金は相続があったときに使い勝手のよい現金になるということです。

> ＊　生命保険金は，死亡保険金受取人固有の財産とされています。ただし，相続人間に著しい不公平が生じる場合には，死亡保険金受取人固有の財産とみなされない可能性があります。

　通常被相続人の保有する預貯金は相続が発生すると遺産分割協議の対象となり遺産分割が済むまでは銀行などで凍結されることが一般的です。それに対して死亡保険金は通常死亡診断書等の所定の書類を揃え請求すれば一週間ほどで保険金が指定の口座に支払われますので，早く手続きを行えば葬儀費用などにも当てることが可能になります。

　このように遺産分割が円滑に進まなければ凍結状態が続き相続が発生してからさまざまな費用で資金のトラブルが起こる可能性があります。ですので保険に加入し使い勝手のよい現金を確保することで生前から対策が可能になるのです。

　また相続人でない場合も死亡保険金の受取人に指定することができますし*，また相続放棄した場合でも死亡保険金を受け取ることができます。このように遺産分割の対象外になることから目的にそった資金の残し方が

第5章　生前対策

できるというメリットがあります。

 * 原則として配偶者および2親等以内の血族（祖父母・父母・兄弟姉妹・子・孫）まで認められます。

　生命保険に加入する際に通常被保険者は被相続人です。そして保険金の受取人や契約者を指定する必要がありますが受取人および契約者を誰にするかによってかかってくる税金の種類や課税対象額が変わってきますので注意が必要になります。

 ▶契約者（保険料負担者）が被相続人の場合は「相続税」
 ▶契約者（保険料負担者）と保険金受取人が同じである場合は「所得税」
 ▶契約者（保険料負担者）と保険金受取人が異なる場合は「贈与税」

■ 現金と生命保険の比較 ■

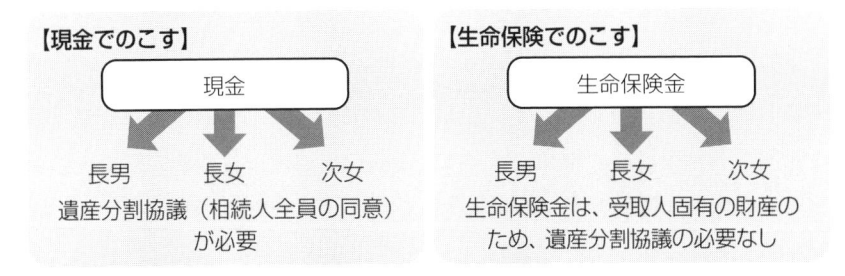

【現金でのこす】
現金 → 長男・長女・次女
遺産分割協議（相続人全員の同意）が必要

【生命保険でのこす】
生命保険金 → 長男・長女・次女
生命保険金は、受取人固有の財産のため、遺産分割協議の必要なし

■ 生命保険の課税の種類 ■

契約者(保険料負担者)	被保険者	受取人	税金の種類	内容および課税対象
父	父	子	相続税	保険金－（500万円 × 法定相続人の数）が「みなし相続財産」
父	父	相続人以外	相続税	保険金が相続財産に加算
子	父	子	所得税	（保険金－払込保険料総額－50万円）×1/2＝総合課税の対象となる課税一時所得金額
母	父	子供	贈与税	保険金－110万円＝贈与税対象

5-12 生命保険を使った生前贈与

　生命保険を活用し非課税枠の控除を受け節税ができることは前項で説明したとおりですが，生命保険を活用し贈与を行った場合，通常の贈与では生前から子供や孫に現預金を渡すと無駄使いや金銭感覚がなくなるようなことがあります。生命保険を活用することによってそのような心配を防止することができます。現金や預金として渡すのではなく最終的に生命保険の死亡保険金という形で残すことですぐにお金を使うことを回避することが可能になります。またその死亡保険金を被相続人が亡くなったときに発生する相続税の支払いに当てることができるので生前から効果的な相続対策にも活用できるのです。そして前章までで説明した（4-1参照）贈与税は年間110万円以内の贈与の場合はかからないので，その範囲内で生命保険の支払い額を設定すれば贈与税を支払うこともありません。

■ 契約形態と注意点 ■

被保険者	契約者（保険料負担者）	受取人	課税関係
被相続人	子や孫	子や孫	一時所得

　注意点は以下のとおりです。
①贈与ごとに贈与契約書を作成しておくこと
②贈与額が110万円超になるときは，贈与税の申告書を提出すること
③保険料について，父母や祖父母の所得税申告時に生命保険料控除を受けないこと
④父母や祖父母が子供や孫の管理している預金口座にお金を振り込み，その口座から保険料の引き落としが行われていること
⑤子供の預金口座の通帳や印鑑は子供が管理していること

生前贈与で生命保険を活用するメリット

生前贈与で生命保険を活用するメリットをまとめると以下のとおりです。

①子供や孫の無駄使いを防ぐことができる

②死亡保険を相続税の支払いに当てることができる

③支払った保険料より死亡保険金が多い場合一時所得扱いになる＊

> ＊ 子供や孫が受け取った死亡保険金は相続財産にはならず受取人の一時所得になります。ですので受取った年に子供や孫が一時所得として申告する必要があります。一時所得は次の算式により計算します。
> （受け取った死亡保険金 － 支払った保険料総額 － 50万円）× 1/2

生前贈与で生命保険を活用するデメリット

支払った保険料より死亡保険金が多い場合、その差額は所得税の対象になります。そして差額部分から50万円を引いた1/2が一時所得の対象になり、一時所得は総合課税として給与所得など所得と合算して申告することになります。ですので高所得者で所得税率が高い場合は贈与せずに相続財産として課税された場合の方が相続税率よりも高くなることがあります。そのため贈与者の相続税率と受贈者の所得税率を比較勘案して有利な方を選択する必要があるのです。比較の際は専門家にお尋ねすることをおすすめします。

■ 生前贈与対策の生命保険加入イメージ ■

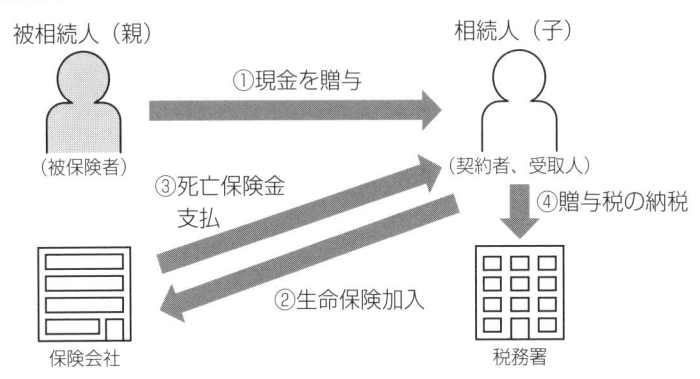

5-13 低解約返戻金型の生命保険の活用

　相続開始のときにおいて，まだ保険事故が発生していない生命保険契約に関する権利の価額は，相続開始のときにおいてその契約を解約するとした場合に支払われることとなる解約返戻金の額によって評価します。低解約返戻型の保険とは例えば保険料の支払期間が10年でその後は払い済みにするもので支払っている最初の10年間は支払った保険料総額の70％しか戻らない解約返戻金に設定されており，払込終了の10年以後は100％以上の解約返戻金が戻る保険があげられます。

　例えば低解約返戻型保険に加入した場合で契約者を被相続人，被保険者を子供，受取人を被相続人にしているケースで払込の最初の10年間は解約すれば70％の解約返戻金しか受け取れないとしましょう。その場合10年以内に被相続人が亡くなった場合，被保険者の子供は健在なので保険事故はまだ発生していません。そして掛け捨て保険でないかぎりこの契約を解除すると解約返戻金が支払われることになります。そのため相続財産の評価額は亡くなったときの保険の解約返戻金の評価額となります。そして相続発生後は解約せずに速やかに契約者を子供，死亡保険金の受取人を子供の遺族などに名義変更しておきます。そして10年経ってから100％に戻るので結果的になくなった時点での相続財産を圧縮でき，そのときの相続税額をおさえることができるということです。税務上の取扱いルールが変更されることがありますので活用の際は専門家に相談することをおすすめします。

■ 契約形態と評価 ■

被保険者	保険料負担者	受取人	保険の評価額
子供	被相続人	被相続人	解約返戻金の額

低解約返戻金型の生命保険の活用のメリット

低解約返戻金型の生命保険の活用メリットは以下のとおりです。

①現金で保有するより、低解約返戻金で評価される期間は相続財産評価を圧縮できる

②低解約返戻金期間を超えると100％以上に返戻金評価が戻る[*1]

③解約したときの解約返戻金と支払い保険料総額の差額は一時所得になる[*2]

[*1] 保険商品によっては100％を超えない場合もありますので注意が必要です。
[*2] 一時所得の計算式
（受け取った死亡保険金 － 支払った保険料総額 － 50万円）× 1/2

低解約返戻金型の生命保険の活用のデメリット

一方、デメリットは以下のとおりです。

①低解約返戻期間は資金を固定化しなければ節税効果は実現しないこと

②納税資金にすることはできないこと

■ 低解約保険活用イメージ ■

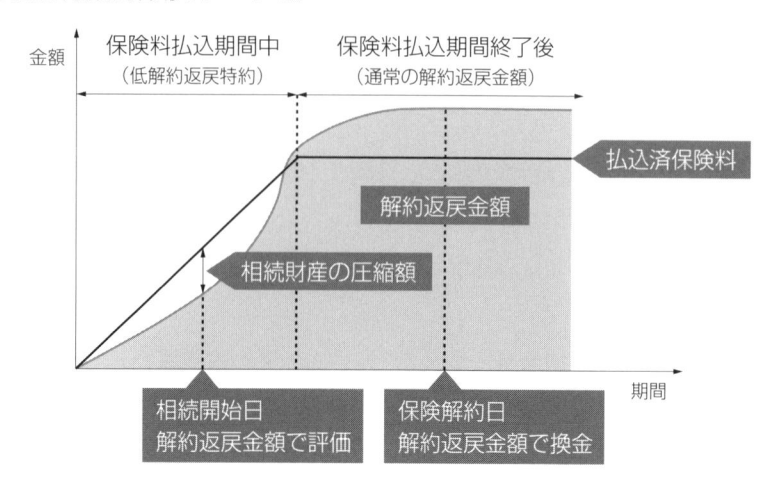

(図)
保険料払込期間中（低解約返戻特約）／保険料払込期間終了後（通常の解約返戻金額）
払込済保険料
解約返戻金額
相続財産の圧縮額
相続開始日　解約返戻金額で評価
保険解約日　解約返戻金額で換金
金額／期間

■ 保険のシミュレーションイメージ ■

年齢	経過年数	累計保険料	解約返戻金	解約返戻率	保険金額
55歳	1年	400万	260万	65％	6,000万
60歳	6年	2,400万	1,560万	65％	6,000万
64歳	10年	4,000万	2,800万	70％	6,000万
65歳	11年	4,000万	4,080万	102％	6,000万
68歳	14年	4,000万	4,200万	105％	6,000万
70歳	16年	4,000万	4,320万	108％	6,000万
72歳	18年	4,000万	4,480万	112％	6,000万

5-14 信託の活用

　今まで日本では長い間「信託」というと信託銀行が主に扱っている金融商品をイメージする方が多いのではないでしょうか。平成18年の信託法の改正により個人の財産管理・継承のための信託が日本でも活用できるようになりました。ただ現状はまだまだ普及しているとはいえませんが，活用次第では有効な財産の保全やもめごとをなくす手段となります。

　信託とは財産をもっている人（委託者）が信託行為（信託契約，遺言など）によってその信頼できる人（受託者）に対して，金銭や土地などの財産を預け，受託者は委託者が設定した信託目的に従って受益者のためにその財産（信託財産）の管理・活用・処分などをする制度です。委託者が受託者と信託契約を結ぶと，その財産は受託者に移り受託者が財産の名義上の所有者になります。その後受託者が財産の管理や活用などを行うわけですが受託者の好きなように行ってよいわけではなく信託契約の内容に従って管理・活用を行い受益者に利益を渡していく必要があります。

　遺言では一括で相続することになる財産も信託契約に基づいてしっかり委託者の財産を受託者が管理することで保全できます。例えば定期的に金銭を振込などの契約にすることにより，いきなり財産を背負った相続人が間違った資産活用をすることなどを防ぎ委託者である被相続人が亡きあとも意思を継続して残すことができるといえます。

■ 信託の仕組み ■

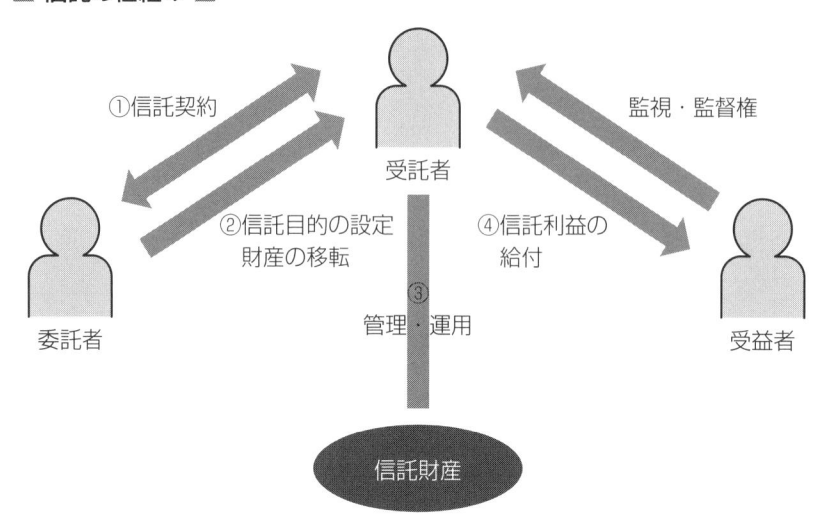

```
         ①信託契約                 監視・監督権
                    受託者
                ②信託目的の設定    ④信託利益の
                  財産の移転       給付
                        ③
                    管理・運用
    委託者                              受益者
                    信託財産
```

　信託の活用でできるものには、以下のようなものがあります。これらの内容について以下で説明していきます。

30年先の相続まで受益者連続型信託で財産を承継する人を指定できる

　受益者連続型信託とは信託で財産を継承していく受益者を30年先まで何代にも渡り指定することができます。例えば子供がいない夫婦の場合に相続がおきると相続人は配偶者になり、その後配偶者の家族に移っていくことになります。しかし、受益者連続型信託を活用すれば最初の受益者は配偶者に設定し、その次は被相続人の兄弟姉妹に設定することも可能です。要は通常遺言書では難しい何代にも渡り財産を受け継いで行く人を生前から指定しておくことができるのです。

　また受益者連続型信託を活用する場合には遺留分（3-8参照）は侵害できないことに注意が必要です。

188

第5章　生前対策

▌契約内容を細かく決めることで相続争いを防ぐ

　信託契約によって信託内容を細かく設定することによって家族の状況にあった財産承継を行うことができます。例えば相続財産に収益不動産がある場合も収益を受け取る権利である受益権を相続人複数に設定し，受益割合を指定しておくこともできます。また自分が認知症になり，成年後見人が必要になった場合，財産の管理・運用で家庭裁判所の許可を求められることがあります。しかし信託を活用すれば自分が認知症になっても一度契約をしておけば契約内容に基づき財産が管理されていきますので自己の財産を安全に守ることができます。

▌分割して財産を受け渡しできる

　信託契約では受益者に分割して財産を渡していくことができます。通常相続では相続時に相続財産すべてが相続人に渡っていきます。しかし相続人が認知症や障害者であったり，または小さい子供や孫である場合は財産を承継しても財産の管理能力が乏しいことからその財産を第三者から狙われたりするリスクや犯罪に合うリスクなども考えられます。そこで被相続人である委託者の指示でそれらの受益者に毎月一定額を何年に分けて振込むなどの指示を契約に盛り込んでいれば一括して財産を承継させることを防ぎ，そのようなリスクに備えることができます。また浪費癖がある子供に現預金などの財産が一括で渡ることが心配な場合なども分割受け取りを活用することで過度の浪費を回避することができます。

▌贈与に活用することができる

　通常の贈与契約を締結しても親が子に現金を口座に振り込んだとしても名義預金になるリスクなどが残ります。しかし「贈与に信託を活用すること」「子に財産を贈与した後も財産の管理を親が行うこと」ができます。すなわち受託者を自己に指定し受益者を子に指定すれば経済的に孫や子供に移転した財産を受託者である親が管理することが可能になるのです。

5-15 不動産を活用した相続対策（未利用の土地にアパートを建てる）

　土地を活用した相続対策として自分の保有する土地にアパートやマンションなどの収益の伴う賃貸住宅を建て土地の評価や建物評価を下げる相続対策を行う方法があります。

　自分で保有する土地に建物を建てれば建物は固定資産評価額で評価されるので建築費用の60％〜70％で評価されます。それだけで現金として保有するのに比べて財産評価が下がることになります。（1-3参照）

　そしてさらに前章までで説明したとおり更地が貸家建付地として評価されれば評価額はおおよそ20％程度下がります。また建物も固定資産税評価額で評価されるため建てたときにかかった金額よりも評価額の方が60〜70％で評価されることになります。またその建物がアパートやマンションなどの貸家の場合，自用家屋の70％で評価されるのでさらに評価が下がることになります。そして賃貸住宅ですので毎月家賃収入を確保することが可能になります。

　要するに現金で財産をもつよりも，もともとある土地を活用したり土地を購入しその上に賃貸住宅を建てることで相続財産の評価を下げることができ，さらに収入を得ることができるのです。

▍土地の評価方法

> 貸家建付地 ＝ 自用地の評価額 ×（1－借地権割合 × 借家権割合 × 賃貸割合）

　貸アパートや貸マンションなどの集合住宅の場合，建物部分の評価と土地部分の評価（貸家建付地）に分けて計算し，それぞれに「賃貸割合（全

面積に対して入居している部分の面積の割合)」も考慮に入れなければなりません。

建物の評価方法

> 貸　家　＝　固定資産税評価額　×　（1－借家権割合　×　賃貸割合）

貸家（建物のみを所有）の場合，借家権（借家人の権利）の割合だけ評価が下がります。「借家権割合」は全国一律30％なので，建物本来の評価額（＝固定資産税評価額）の7割が貸家の評価額となります。

賃貸住宅経営のメリットおよびデメリット

●メリット

現預金で保有するよりも相続財産評価を削減できます。また，安定した賃貸収入を確保することができます。

●デメリット

アパートやマンションを建てる場合は高額なお金が必要になり，場合によっては借入も必要になります。そして立地によっては必ずしも安定した賃貸収入が継続して得られるどうかわかりません。ですので近隣の賃貸価格などを参考にして収入と修繕なども含めた経費バランスを考慮し決定を下す必要があります。

■ 3億円の金融資産を使ってマンションを建てた場合 ■

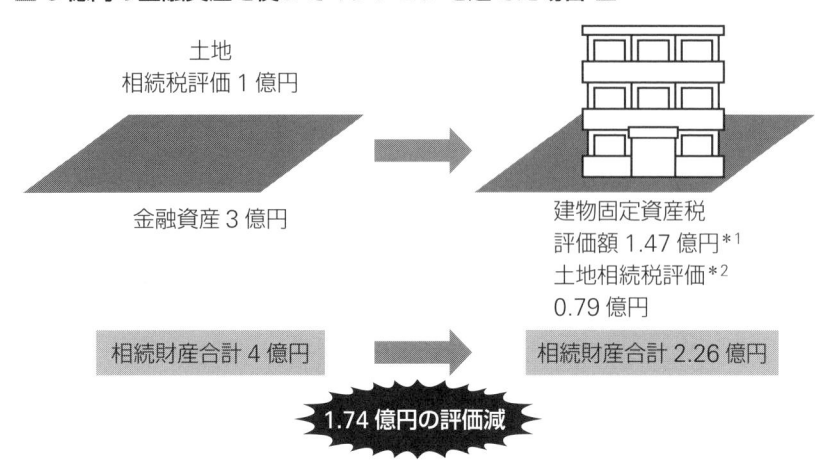

土地
相続税評価 1 億円

金融資産 3 億円

相続財産合計 4 億円

建物固定資産税
評価額 1.47 億円*1
土地相続税評価*2
0.79 億円

相続財産合計 2.26 億円

1.74 億円の評価減

*1 3億円の資金で建物を建てると，建物の評価額が建築費用（3億円）の70％の2.1億円になりました。このマンションは貸家であることから，2.1億円 × （1 − 0.3）= 1.47億円になります。

*2 土地の評価については借地権割合を0.7とすると1億円 × （1 − 0.7×0.3）= 0.79億円となります。

5-16 高層階タワーマンションの購入で節税

　分譲マンションを購入した場合，相続財産の評価額を求めるには土地と建物に分けて計算します。マンションの場合は土地の上に何室も部屋があるので土地部分は区分所有権として持ち分があります。登記簿に土地の持ち分が明記されていますので土地の評価額に持ち分割合を乗じて計算します。また建物部分については固定資産評価額で評価します。ここまでは通常のマンションの評価について説明しましたが，この考え方によればマンションにおいて同じ広さや内装，仕様の部屋で2階と30階の相続税評価額は同じになるということです。それは固定資産税は通常方位や階層に関係なく面積を基準に評価されるので階層が違っても評価が変わらないのです。

　しかし2階と30階の販売価格は一般的に大きな差があります。その差は土地や建物の評価の差ではなく眺望や方位の向きなどでプレミアムがついたことによるものなのです。例えば同じ広さや内装，仕様の部屋が2階なら3,000万円，30階なら1億円の部屋であったとしましょう。計算式に基づき計算した相続税評価は，同じ2階でも30階でも2,400万円になります。30階の部分は1億円で購入したわけですから結果的に7,600万円の相続財産を圧縮できたことになります。そして将来売却する，または収益目的の不動産として活用することもできます。現預金で保持するよりも高層階のタワーマンションを購入することで相続財産の評価を削減でき，結果的に相続税の節税に繋がるのです。

タワーマンションを購入するメリットおよびデメリット

◉ メリット

購入金額よりも評価が大幅に下がり相続税の節税ができます。

◉ デメリット

高層階は価格が高額のものが多いので，収益不動産の利回りが合わない場合があります。また売却する際も買い手がなかなか決まらないことがあります。

例 下記面積や仕様が同じ部屋のタワーマンションの高層階と低層階をそれぞれ購入したと仮定しシミュレーションしてみます。

A物件：(30階) 70m^2・2LDK・価格1億万円・南向き
B物件：(2階) 70m^2・2LDK・価格3,000万円・北向き

A物件の相続税評価額　➡ 2,400万
B物件の相続税評価額　➡ 2,400万

A物件もB物件も購入価格は違いますが相続税評価額は同じになります。

■ タワーマンションの高層階と低層階 ■　　■ 眺望や方位のプレミアム ■

5-17 海外資産にも相続税がかかる

　最近は海外に口座を作り外国通貨で預金を保持したり，海外不動産を購入し不動産所得を得ている方や海外の金融投資などをしている資産家の方は珍しくありません。そしてそれらの海外資産は日本の相続税法上，海外にあっても被相続人および相続人ともに日本国籍を有し日本に居住している状況では相続税がかかります。またそのような海外資産について申告漏れなどが起きないよう報告義務が強化され，平成26年12月31日現在5,000万円超の財産を保有する人はどのような財産をどこでいくら保有しているかを税務署に報告しなくてはならなくなりました。

　下記に各海外資産の評価および保有上の注意点を説明します。

海外の銀行預金

> 海外預金口座　×　TTB（相続発生日）

　海外の銀行口座（被相続人名義）の場合，その口座の引継を行う際には国によっては相続人を証明する英語への翻訳書類を提出し，煩雑な手続きを求められるケースが発生しています。

　その際，現地の弁護士などに依頼することが必要なこともあるため，費用などがかさむことがあります。そのため口座を開設する際は口座を作った国の制度によって求められる書類なども違うので注意が必要です。

　またそれらの手続きの煩雑さを回避する方法として，銀行によっては共有名義で口座を作ることができるので，配偶者や子供などと共有でもっておくことも対策になります。

海外で加入した保険

> 死亡保険金の外貨建ての金額　×　TTB（相続発生日）

　死亡保険金の受取人および受取口座をしっかりと指定しておく必要があります。

　また契約者の名義を共有にすることもできるので配偶者や子などと共有でもっておくことも対策になります。

海外の不動産

　海外にある土地建物については日本と同じような路線価や固定資産税評価額は基本的にないので，日本国内の財産と同様な評価で算定はできません。そのため海外不動産の評価においては財産評価基本通達5-2を適用し，「財産評価基本通達に定める評価方法によって評価することができない場合には，同通達に定める方法に準じて，または売買実例価額，精通者意見価格等を参考にして評価する」こととなります。

　売買実例価額については，通常どんな国にも不動産を扱う業者があり，ある程度取引価格を把握するのは難しくありません。そしてインターネットの普及により不動産の取引データが公開されている国も多いです。このようなことから売買実例価額を知ることは困難でないものの不動産の評価については個別性があり，単に売買実例価額で評価することは難しいことから，専門家である海外の地元精通者意見価格等を参考にしているのが実情です。

外国税額控除

　また国外財産を取得した場合に，その財産について日本のみならず外国の相続税も払うことがあります。この二重課税を解消するために日本の相続税額から外国相続税相当額を控除することができる外国税額控除の制度があります。海外資産を保有している国で相続税を支払った場合は申告日

本でおさめる相続税から控除を忘れないようにしましょう。

外貨建て資産の換算

　相続・贈与により外貨建資産や国外資産を取得し，相続税・贈与税の申告をする場合，外貨建資産と国外資産については，納税義務者（相続人，受贈者）の取引金融機関が公表する課税時期（相続発生日，贈与日）の最終の TTB，またはこれに準ずる相場が適用され，外貨建債務については，TTS または これに準ずる相場が適用されます（財産評価基本通達 4-3）。また，課税時期に為替相場がない場合は，課税時期前の為替相場のうち，課税時期に最も近い日の相場が適用されます。取引金融機関が複数ある場合には，主たる取引金融機関に限定する必要はないため，納税義務者が選択した取引金融機関の為替相場となります。

海外資産 5,000 万円超の場合の申告ルール

　平成 25 年 12 月 31 日末から日本の居住者が毎年 12 月 31 日時点で海外に5,000 万円超の財産（海外預金口座，海外扶不動産，株式，保険）を保有している場合は税務署への申告が義務づけられましたので該当する方は注意が必要になります。翌年の 3 月 15 日までに「国外財産調書」を提出する必要があります。

■ 国外財産報告制度の概要 ■

	国外財産報告制度 ※2013 年末より新たに適用
提出義務者	12 月 31 日に 5,000 万円超の国外財産を有する居住者
報告対象	国外財産
提出期限	翌年 3 月 15 日
罰則	罰則：1 年以下の懲役または 50 万円以下の罰金

■ 国外財産調書のイメージ ■

〈平成 25 年 12 月 31 日〉

国外財産を有する者	住所又は居所	東京都千代田区霞が関 3-1-1				
	氏　　名	国税　太郎			（電話）3581-XXXX	
国外財産の区分	種類	用途	所在	数量	価額	備考
預金	普通	一般用	アメリカ○○州… ○○銀行　○○支店	1	8,500,000	
有価証券	株式	一般用	アメリカ△△州… ○○ Inc.	6,000	24,000,000	
			合計額		70,000,000	
（摘要）						

※国外財産調書の具体的な記載要領及びこの様式と併せて提出する「合計表」の書式については，今後，通達等において示される予定です。

■ 国外財産のイメージ ■

付録1 相続税早見表

平成27年1月1日以後に発生した相続税の早見表になります。
課税価格と相続人がわかれば下の表に当てはめて計算してみてください。

	法定相続人の構成					（単位：万円）
課税価格	配偶者がいる場合 （配偶者は財産の1/2を取得）			配偶者がいない場合		
	子供1人	子供2人	子供3人	子供1人	子供2人	子供3人
0.5億円	40	10	0	160	80	20
0.75億円	198	144	106	580	395	270
1億円	385	315	263	1,220	770	630
1.5億円	920	748	665	2,860	1,840	1,440
2億円	1,670	1,350	1,218	4,860	3,340	2,460
2.5億円	2,460	1,985	1,800	6,930	4,920	3,960
3億円	3,460	2,860	2,540	9,180	6,920	5,460
3.5億円	4,460	3,735	3,290	11,500	8,920	6,980
4億円	5,460	4,610	4,155	14,000	10,920	8,980
4.5億円	6,480	5,493	5,030	16,500	12,960	10,980
5億円	7,605	6,555	5,963	19,000	15,210	12,980
基礎控除	4,200	4,800	5,400	3,600	4,200	4,800
改正前の 基礎控除	7,000	8,000	9,000	6,000	7,000	8,000

※ 色がついた部分は今回の大改正により新たに相続税がかかるようになりました。
※ 課税価格とは，財産の総額から債務・葬式費用の金額を控除したものになります。
　相続時精算課税制度による贈与を受けた財産や，相続開始前3年以内に取得した財産があればプラスします。

付録2 エンディングノート

▍エンディングノートとは

　世界一の長寿国となった日本を取り巻く環境は，平均寿命を延ばし昔に比べて人生が長くなったと感じる人も増えたことでしょう。今や老後は単なる余生として余りの人生ではなく「第二の人生」として現役時代・子育て世代には叶えられなかった夢の実現を謳歌する時代ともなったのです。

　その反面，社会では少子高齢化が加速し日本経済も先行きが見えない状態では将来に大きな不安を感じ，子どもや孫に負担をかけたくないとう思いも増えています。

　このような中「終活」という言葉も生まれ，人生の終わりに向けて前向きに自分らしく準備することがより良い人生を送ることにつながるという考えが広がり根付いて来ました。

　「終活」を手近に始められ有効なツールとして「エンディングノート」があります。

　「エンディングノート」とは，自分に万一の事があったときの自分の希望や家族に伝えたいことを記入しておくノートです。

　「万一の事があったとき」とは死後のことだけではなく，認知症や介護が必要になったときの医療・介護手続きの希望やその場合の財産管理はどうするのかといった生前に起こりうることに関しても記入することができます。

　エンディングノートに書ける項目は，医療・介護・財産管理・葬儀・遺産相続・お墓など多岐にわたり，その内容も詳細に書くことができます。

　例えば，葬儀については予算や連絡する人のリスト，好みの花や音楽の希望なども書けますがあまりこまか過ぎるとかえって実現がむずかしくな

ることもありますので，相手への配慮も忘れず自分の希望のポイントを書くことをおすすめします。

　このようにエンディングノートの項目は多くてすべてのことを書くのはとても大変です。そこで付録に付けている「エンディングノート」を活用していただくと，質問に答える形でエンディングノートができ上がります。まずは気になる項目や書きやすい項目から記入し，すぐには書けない項目は空欄でも構いません。とりあえず自分の考えをまとめ，整理することが重要です。あとで考えが変わったり，状況が変わった場合もすぐに書き直せるのもエンディングノートの特徴です。

エンディングノートと遺言書の違い

　エンディングノートと遺言書との違いは，法的効力と生前の対策にあります。

　エンディングノートには様々な希望が書けますが，それに強制力を持たせたい場合は別途遺言書や契約書が必要な場合があります。

　遺産相続や認知に関してはエンディングノートに希望を書くこともできますが，法的に強制力が必要な場合は「遺言書」の作成が必要となります。

　エンディングノートでも認知症等で判断能力が衰えたときの財産管理や治療方針を任せる人を指定することはできますが，法的強制力をもたせるには「任意後見契約書」を作成する必要があります。

　したがって，遺言書では法的強制力のある意思を表現できますが，効力は死後にしか発生しません。治療や介護，財産管理など生前に必要なことの意思の表明はエンディングノートや契約書に認めなくてはなりません。

■ エンディングノートと遺言書の違い ■

	エンディングノート	遺言書
法的効力	なし	あり（死後に効力発生）
書式	決まった書き方はなく自由に書くことができる	規定された書き方で書かないと無効になることもある
費用	数百円〜	自筆証書遺言：数百円〜 公正証書遺言：数万円〜
遺産相続の手続き	できない	できる
医療・介護・財産管理など生前についての希望	書ける	書けない
伝えるのに向いている内容	葬儀・供養の方法 医療・介護について	死後の財産の分け方
周りの人へのメッセージ	自由に書ける	書くことは可能 一般的には遺産相続に関することが中心

付録2　エンディングノート

Ending Note

お名前

記入年月日　　　年　　月　　日

基本情報

お名前	
生年月日	
住　所	
電話番号（自宅）	
電話番号（携帯）	
勤務先	
出生地	
本籍地	
両　親	
兄弟姉妹	

緊急時の連絡先

氏　名	間　柄	住　所	電話番号	要連絡時
				入院 危篤 葬儀
				入院 危篤 葬儀
				入院 危篤 葬儀
				入院 危篤 葬儀
				入院 危篤 葬儀
				入院 危篤 葬儀

付録2　エンディングノート

記入年月日　　　年　　月　　日

介護などについて

判断能力低下時の財産管理	☐ 配偶者　　☐ 子ども　　☐ その他 ☐ 任意後見人を決めている 　名　前（　　　　　　　　　　　　　　　　） 　連絡先（　　　　　　　　　　　　　　　　）
介　護	☐ 家族でみてほしい　☐ 施設を利用してほしい ☐ その他（　　　　　　　　　　　　　　　　）
	☐ 介護費用は用意している 　保管場所（　　　　　　　　　　　　　　　　）
告　知	☐ 病名・余命とも知らせてほしい ☐ 病名・余命とも知らせないでほしい ☐ 病名だけ知らせてほしい ☐ その他（　　　　　　　　　　　　　　　　）
延命治療	☐ 延命治療を希望する ☐ その他（　　　　　　　　　　　　　　　　）

家族へのメッセージ

記入年月日　　　年　　月　　日

お葬式などについて

宗　教	□ 仏教　□ キリスト教　□ 神道　□ その他
葬儀の方法	□ 家族葬　　□ 一般葬　　□ 直葬
場所 葬儀業者など	□ 決めている　　　　　□ 決めていない 　　連絡先（　　　　　　　　　　　　　　　） 　　電　話（　　　　　　　　　　　　　　　）
喪　主	□ 決めている　　　　　□ 決めていない 　（　　　　　　　　　　）さんにお願いしたい 　　連絡先（　　　　　　　　　　　　　　　）
死亡通知	□ 用意している　　　　□ 用意していない 　　保管場所（　　　　　　　　　　　　　　）
遺　影	□ 用意している　　　　□ 用意していない 　　保管場所（　　　　　　　　　　　　　　）
戒　名	□ 戒名をつけてほしい　□ 戒名は不要 □ 既にある（　　　　　　　　　　　　　　）
葬儀費用	□ 用意している　　　　□ 用意していない 　　保管場所（　　　　　　　　　　　　　　）
予　算	□ お任せする　　□ （　　　　　）円くらいで
香　典	□ いただく　□ 辞退する　□ お任せする
供花・供物	□ いただく　□ 辞退する　□ お任せする
死装束	□ 用意している　　　　□ 用意していない 　　保管場所（　　　　　　　　　　　　　　） □ 次のものでお任せしたい（和服・洋服・　）
音　楽	□ 決めている　　　　　□ お任せする 　　曲　名（　　　　　　　　　　　　　　　） 　　保管場所（　　　　　　　　　　　　　　）
その他	

付録2　エンディングノート

記入年月日　　　　年　　月　　日

お墓・供養などについて

法要	□ 回数（　　　）回忌まで行ってほしい □ 参列者の範囲（○回忌までは親戚で、○回忌までは家族で等） 　（　　　　　　　　　　　　　　　　　　　　　　　　　） □ 場所（　　　　　　　　　　　　　　　　　　　　　　　） □ その他（　　　　　　　　　　　　　　　　　　　　　　） □ 費用は用意している 　保管場所（　　　　　　　　　　　　　　　　　　　　　）
仏壇	□ 自宅の仏壇に祀ってほしい □ 新しい仏壇を購入して祀ってほしい □ 仏壇は不要 □ その他（　　　　　　　　　　　　　　　　　　　　　　） □ 費用は用意している 　保管場所（　　　　　　　　　　　　　　　　　　　　　）
お墓	□ 先祖と同じお墓に納骨してほしい □ 生前に用意したお墓に納骨してほしい 　連絡先（　　　　　　　　　　　　　　　　　　　　　　） □ 新しいお墓を購入して納骨してほしい □ その他（　　　　　　　　　　　　　　　　　　　　　　） □ 費用は用意している 　保管場所（　　　　　　　　　　　　　　　　　　　　　）
その他	

【著者紹介】

山口　育代 (やまぐち いくよ)

SkyLimited 税理士法人　代表社員　税理士

大阪府出身。大手会計事務所に8年間勤務し、中小企業の税務、相続、MAS業務等によるサービスを含めた税務・会計・経営のサポート業務に従事する。相続税に興味を持ち、試験科目のなかでも難関とされる相続税を選択して税理士試験に合格。相続税の専門家として年間数十件の申告や揉めないための生前対策の立案などお客様目線に立ったサービスを行っている。

夏山　宗平 (なつやま しゅうへい)

SkyLimited Group 代表，SkyLimited 株式会社 代表取締役
Sky Accounting Limited（Hong Kong）Managing Director

兵庫県出身。高校中退後イギリスに留学，立命館大学経営学部卒業後，有限責任監査法人トーマツに入所。上場企業・非公開会社の監査業務に従事する。2008年に独立し会計サービスを軸としたコンサルティング会社 SkyLimited 株式会社を立ち上げる。その後，大阪・東京を拠点とし SkyLimited 税理士法人や相続税専門センターの立ち上げに参画。大手から中小まで幅広い顧問先にアドバイザリーサービスを行う。個人から法人オーナーの相続、事業承継の生前対策では土地活用や保険活用に至るまで幅広い提案を実施している。

芝　清隆 (しば きよたか)

公認会計士・税理士，SkyLimited 税理士法人 代表社員
SkyLimited Accounting（Cambodia）Co., Ltd. C.E.O.

兵庫県出身甲南大学理工学部卒業後，公認会計士試験に合格し有限責任 あずさ監査法人に入所。上場企業・非上場企業の監査業務及び数々のアドバイザリー業務や上場支援や IFRS 構築支援など各種業務に従事する。SkyLimited 株式会社の立ち上げに参画し，その後 SkyLimited 税理士法人の代表社員として数百社を超える税務顧問やアドバイスを実施。日系企業に限らず大企業から中小企業まで幅広い会社に対して会計・税務スキームの構築から税務顧問及びアドバイザリーサービスを行っている。

【会社紹介】

SkyLimited 税理士法人

税務申告／相続・事業承継コンサルティング／国際税務／法人及び個人の税務・財務のコンサルティング業務を行う。監査法人出身者や大手の税理士事務所出身者が集いクライアントの立場に立った「クオリティ・スピード・ワンストップ」サービスをモットーに実績を重ねる。相続税専門センターを運営し関西を中心に年間数十件以上の相続税申告及び相続の生前対策や事業承継のアドバイザリー等を行い個人や法人の幅広い層のお客様から支持を得ている。また近年ではグループで海外に拠点を展開しアジア展開を目指す企業への国際会計・税務サービスや進出に関する支援業務サービスの提供を開始している。

SkyLimited 税理士法人【相続税専門センター】
　住所：大阪市北区梅田 2-5-6 桜橋八千代ビル内 8 階
　URL：http://www.souzoku-zeirisi.com（相続税専門センター）
　URL：http://kaikei-zeimu.com（SkyLimited 税理士法人）
　TEL：0120-995-414

平成 27 年 7 月 30 日　初版発行　　　　　略称：相続ガイド

家族を困らせないための相続対策ガイドブック

　　　　　編　者　　©SkyLimited 税理士法人
　　　　　発行者　　中　島　治　久

　　　発行所　同文舘出版株式会社
　　　　　　　東京都千代田区神田神保町 1-41　〒101-0051
　　　　　　　営業 (03) 3294-1801　　編集 (03) 3294-1803
　　　　　　　振替 00100-8-42935　　http://www.dobunkan.co.jp

Printed in Japan 2015　　　　　　　DTP：マーリンクレイン
　　　　　　　　　　　　　　　　　印刷・製本：三美印刷

ISBN978-4-495-17631-0

JCOPY〈出版者著作権管理機構 委託出版物〉
本書の無断複製は著作権法上での例外を除き禁じられています。複製される場合は、そのつど事前に、出版者著作権管理機構（電話 03-3513-6969、FAX 03-3513-6979、e-mail：info@jcopy.or.jp）の許諾を得てください。